高等职业教育汽车营销与服务专业教材

汽车维修接待

普继雄　陈训芳　**主　编**
张雪丽　鲁　庆　王建里　**副主编**
　　　　　马婉平　**主　审**

人民交通出版社股份有限公司
China Communications Press Co.,Ltd.

内 容 提 要

本书为高等职业教育汽车营销与服务专业教材。全书分为六个任务,内容主要包括:预约客户,接待客户,维修车辆及跟踪维修进度,质检、内部交车,结算、交付车辆,跟踪回访。

本书可作为职业院校汽车类专业的教学用书,也可作为汽车维修接待服务人员的培训教材。

图书在版编目(CIP)数据

汽车维修接待 / 普继雄, 陈训芳主编. —北京:
人民交通出版社股份有限公司, 2019.12
ISBN 978-7-114-15865-0

Ⅰ. ①汽⋯ Ⅱ. ①普⋯ ②陈⋯ Ⅲ. ①汽车维修业—商业服务—高等职业教育—教材 Ⅳ. ①U472.31

中国版本图书馆 CIP 数据核字(2019)第 227047 号

书　　名:	汽车维修接待
著 作 者:	普继雄　陈训芳
责任编辑:	张一梅
责任校对:	张　贺　龙　雪
责任印制:	张　凯
出版发行:	人民交通出版社股份有限公司
地　　址:	(100011)北京市朝阳区安定门外外馆斜街 3 号
网　　址:	http://www.ccpress.com.cn
销售电话:	(010)59757973
总 经 销:	人民交通出版社股份有限公司发行部
经　　销:	各地新华书店
印　　刷:	北京虎彩文化传播有限公司
开　　本:	787×1092　1/16
印　　张:	6
字　　数:	134 千
版　　次:	2019 年 12 月　第 1 版
印　　次:	2019 年 12 月　第 1 次印刷
书　　号:	ISBN 978-7-114-15865-0
定　　价:	18.00 元

(有印刷、装订质量问题的图书由本公司负责调换)

前言 FOREWORD

随着我国进入新的发展阶段，经济结构调整和产业升级不断加快，各行各业对专业技能人才的需求越来越紧迫，职业教育的重要地位和作用凸显。作为职业教育的基地，职业院校应牢固树立新发展理念，服务建设现代化经济体系和实现更高质量更充分就业需要，对接科技发展趋势和市场需求，努力提升办学水平和提高人才培养质量。

云南交通运输职业学院（云南交通技师学院，以下简称"学院"）经过66年的发展，走出了一条符合职业教育规律的具有鲜明特色的发展之路。2017年，学院顺利完成世界银行贷款云南职业教育发展项目建设，编写了高等职业教育汽车营销与服务专业教材。

《汽车维修接待》属于本系列教材之一。在本教材编写过程中，作者认真总结了学院多年以来的专业建设经验，充分调研、对接行业实际需求，注意吸收国际职业教育课程开发先进理念，并深度结合汽车营销专业《人才需求调研分析报告》《岗位能力分析报告》《人才培养方案》《汽车维修接待课程标准》进行开发，形成了以下特色：

1. 本教材采用以任务为导向、基于工作过程的实训课程开发进行设计，在教学实训设计和实训教学实施过程中，将工作任务进行程序化分解，形成若干个教学活动，建立以工作任务过程为牵引的课程教学体系。

2. 任务全部来源于企业工作任务，教学针对性强。

3. 任务采用情景驱动，有助于提升学生学习兴趣。

4. 采用大量图表，记录实际工作过程，便于学生自检、互检实际操作过程中存在的问题，充分体现教学过程的开放性、职业性和实践性。

5. 突出"能力本位"设计，体现出对学生综合能力（方法能力、社会能力和专业能力）、职业可持续发展能力的关注和培养。

本书由云南交通运输职业学院（云南交通技师学院）普继雄、陈训芳担任主编，张雪丽、鲁庆、王建里担任副主编，马婉平担任主审。参加本教材编写工作的有：陈训芳、杜绍萍（编写任务一）；普继雄、白东（编写任务二）；张雪丽（编写任务三）；王建里、马平平（编写任务四）；林晓丹、马婉平（编写任务五）；鲁庆、董加俊（编写任务六）。

在本书的编写过程中，云南省世行项目办陈永进、付铁峥、刘海君、云波、刘炜等专家学者以及相关企业技术专家给予了悉心指导和关心帮助，在此表示感谢！同时，也参考了许多国内出版的书籍、杂志，以及网络上的相关内容，在此也对这些作品的著译者表示感谢！

限于作者水平，书中难免有错漏之处，恳请广大读者提出宝贵建议，以便我们进一步修改和完善。

作　者

2019年6月

目 录
CONTENTS

任务一　预约客户 ··· 1
    知识准备 ··· 1
    活动开展 ··· 5
    任务实施 ·· 13
    拓展提高 ·· 17

任务二　接待客户 ·· 18
    知识准备 ·· 18
    活动开展 ·· 23
    任务实施 ·· 33
    拓展提高 ·· 37

任务三　维修车辆及跟踪维修进度 ·· 38
    知识准备 ·· 38
    活动开展 ·· 41
    任务实施 ·· 44
    拓展提高 ·· 47

任务四　质检、内部交车 ··· 48
    知识准备 ·· 48
    活动开展 ·· 51
    任务实施 ·· 56
    拓展提高 ·· 57

任务五　结算、交付车辆 ··· 59
    知识准备 ·· 59
    活动开展 ·· 61
    任务实施 ·· 65
    拓展提高 ·· 68

任务六　跟踪回访 ·· 69
    知识准备 ·· 69
    活动开展 ·· 75
    任务实施 ·· 82
    拓展提高 ·· 84

附录　汽车维修接待工作表格 ·· 85
参考文献 ·· 88

任务一　预约客户

任务描述

客户普女士,车型×××,今天致电本服务站进行首次维护预约,你作为汽车维修接待员,应该如何做好客户预约工作?

学习目标

通过本任务学习,应能:
1. 正确描述预约的目的、分类及预约流程;
2. 正确运用电话礼仪与客户进行愉快、成功的沟通;
3. 正确规范填写预约登记表及预约看板;
4. 独立完成预约服务流程,解答客户的疑问,消除客户异议;
5. 独立完成客户预约后的相关准备工作;
6. 逐步养成自主学习、解决问题、收集资料、处理信息和获取新知识的能力。

建议课时

36课时。

学习引导

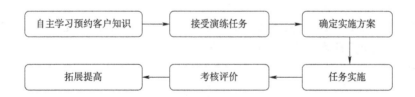

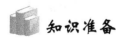

一、预约客户的工作流程

预约客户的工作流程如图1-1所示。

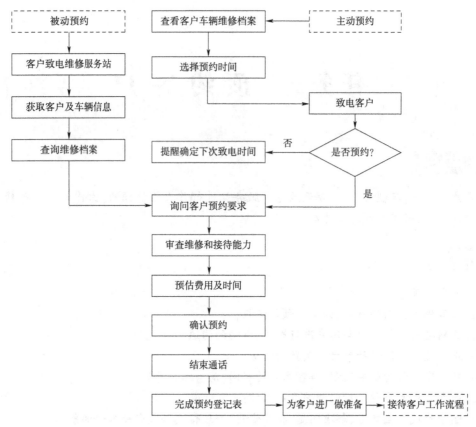

图 1-1 预约客户的工作流程图

二、预约客户概述

(一)预约的定义

预约,就是预先约定,有备而行。预约客户主要是通过电话与客户达成预定内容,分为主动预约和被动预约两种形式。

1. 主动预约

主动预约是指维修服务站使用客户管理系统,分析客户档案,预先了解客户需求,通过各部门的配合,主动提醒客户回厂的预约服务。

2. 被动预约

被动预约是指客户自主致电或到维修服务站的预约服务。

(二)预约客户的目的

(1)通过与客户预先沟通,进行初步需求分析,做好充足准备,节省客户等待时间,提升客户满意度。

(2)维修服务站根据日常维修量的峰谷时段,合理调配生产能力,削峰填谷,提高生产效率。

(3)提升品牌服务形象,有效培养忠实客户。

(三) 预约客户的内容

(1) 向客户真诚地问候,包括问好、介绍自己、询问客户称呼及需求。

(2) 利用系统收集、确认和更新客户信息,包括客户联系方式和车辆信息。

(3) 积极倾听,了解客户真正的需求。

(4) 预估维修所需时间及费用。

(5) 根据车辆进厂时间分布,结合时令和经销商近期的经营活动,预测车辆进厂峰谷时段,同时需掌握各部门人员的出勤、能力状况及配件库存情况,从而合理安排客户进厂时间。

(6) 根据以上要求,向客户建议预约时间并与其协商。

(7) 告知客户时间并确认客户联系方式以便提醒。

(8) 提醒客户来店时所需携带的相关文件,礼貌道别。

(9) 使用预约系统完成预约登记,按规范要求填写预约登记表。

(四) 主动预约

1. 主动预约类型

(1) 首次维护提醒:根据车辆销售记录,在新车销售后3个月提醒客户做首次维护。

(2) 定期维护提醒:根据维护所规定的里程或时间间隔,对将到达维护期限的车辆进行信息统计。有维护里程记录的客户,根据预估提前两周提醒客户进行下次维护。

(3) 质保到期提醒:根据车辆质保记录,在客户质保期结束前一个月向客户发送邀请(第一次邀请没有成功再做第二次邀请)。

(4) 休眠客户提醒:通过车辆维修记录,对6个月以上未到店的客户,与其进行联系并提供相应服务,主动邀约入店,如免费检测等。

(5) 一般维修:客户的车辆在进行维修后,汽车维修接待员需将此次车辆维修和检查的详细信息录入系统中,尤其是在此次维修中客户不同意进行操作的维修建议。这些信息应该包含建议更换配件或是操作项目的可持续使用的里程或时间。汽车维修接待员根据系统记录提前两周进行主动提醒。

(6) 服务活动:经销商或厂家在举行活动时,应根据市场营销活动的目标群体,对客户进行分类,按照客户类别,分时段分批次通知客户,主动邀约入店。

2. 管理方式

(1) 联系方式:一般通过电话、短信、信函等方式将信息传达给客户。

(2) 联系时间要求:应尽量避开客户休息或工作高峰期。如果客户电话无法接通,应在3~5天内,在不同的时间段试着进行三次联系。连续三次无法联通的客户,再使用短信或信函通知。

(3) 对于首次维护和定期维护提醒,要衡量工作的有效性。通过初次提醒后应及时更新客户车辆信息,并测算出下次跟踪时间,以便进行维护提醒。

(4) 向全体客户发出通知时,应根据客户的差异分成若干批次,按照一定时间间隔进行。避免集中通知,造成咨询电话阻塞、无法满足客户预约等情况发生。

(五) 预约管理

1. 预约宣传

(1) 在服务接待区明显位置放置预约服务宣传公示牌。

(2)预约客户来店,使用预约车贴进行宣传。

(3)遇日常到店因排队产生抱怨的客户,向其宣传预约好处并提醒提前预约。

(4)离店时汽车维修接待员向客户推荐预约并宣传预约好处。

(5)客服回访建议客户下次预约,并告知预约电话,同时宣传预约好处。

2. 分类

(1)有效的预约:指客户至少提前一天预约,并在预约规定时间范围内到店维修。

(2)无效的预约:指客户当天做的预约、在到站前做的预约、逾期不到的预约(对于无效预约客户,汽车维修接待员应向客户说明预约的时效,充分做好解释工作,提醒客户本次只能尽量优先安排,同时不能享受预约的相关优惠措施。在此,汽车维修接待员可根据经销商及客户情况灵活变通)。

(3)因返修造成客户预约:开通当日预约,征询客户意见,安排优秀的汽车维修接待员及维修技师接待。

3. 客户到店前准备

(1)提前72h和24h致电客户,确认客户能否如期履约。

(2)如果是特别客户,应做特定标记,以便提醒相关人员关注。

(3)每日下班前,填写次日预约看板,以表示对客户的欢迎。

(4)提前1h致电客户,做最后的进厂确认,并告知客户自己的姓名。

(5)做好预约工位的预留工作,以及配件、工具的准备工作。

(6)对于履约客户,草拟任务委托书。对于失约客户在预约登记表中进行标注,询问客户是否需要改期,进行重新预约。及时更改预约看板和通知相关人员,填写取消预约的原因和更改预约的时间。

(六)我国大部分车型的维护周期

我国大部分车型,从新车5000km、7500km或6个月首次维护后(以先到达者为准),都是以5000km或7500km为定期维护周期。定期维护会依照车主的行驶里程数,更换或维修特定的零件材料。如果车主还有其他耗材损耗,也建议一起更换,确保行车安全。

以东风雪铁龙世嘉为例,首次维护是6个月或7500km(以先到者为准,强制要求),以后每间隔7500km做一次定期维护。30000km维护也是东风雪铁龙的一个维护节点,以后依次循环维护。

(七)电话礼仪

1. 接听电话注意事项

(1)电话铃响三声之内接起电话。

(2)主动问候,自我介绍。

(3)礼貌询问对方的称呼。

(4)须搁置电话或让客户等待时,应给予说明,并致歉。

(5)转接电话要迅速。每一位汽车维修接待员都必须学会自行解决电话中的问题,如果解决不了再转接至正确的分机,要让对方知道电话是转给谁的。

(6)对方需要帮助时要尽力而为。

（7）感谢对方来电，并礼貌地结束通话。

2.拨打电话注意事项

拨打电话的礼节包括很多方面，具体而言，主要包括以下内容：

（1）选择适当的通话时间。注意在恰当的时段内拨打电话。通常，上午10:00～11:30、下午2:00～4:00是"黄金时段"，尽量选择这些最有绩效的时段进行。

（2）主动介绍自己的姓名、身份。确认通话对象身份，询问对方是否方便，在对方方便的情况下再开始交谈。通话用语应文明、礼貌，通话内容要简明扼要。

（3）拨打电话要注意通话三分钟原则。通话时间要简短，长话短说，废话不说，没话别说。

（4）通话完毕时应道"再见"，然后轻轻放下话筒。

 活动开展

活动一　主动预约（建议学习课时：10课时）

1.主动预约知识准备

自主学习并填写表1-1～表1-3。

拨打电话原则　　　　　　　　　　　　　　　　表1-1

例如:1.拨打电话要选择好时间段
2.
3.
4.
5.
6.
7.

部分仪表指示灯及其作用表　　　　　　　　　　表1-2

指　示　灯	指示灯名称	作　　用
	车门开启指示灯	
	制动系统警示灯	
	蓄电池充电指示灯	
	制动盘磨损指示灯	

续上表

指 示 灯	指示灯名称	作 用
	驻车制动器指示灯	
	机油压力报警灯	
	冷却液温度报警灯	
	安全气囊故障灯	
	ABS 指示灯	
	发动机故障灯	
	油量指示灯	
	玻璃水指示灯	
	EPC 指示灯	
	前后雾灯指示灯	
	转向灯指示灯	
	远光指示灯	

续上表

指示灯	指示灯名称	作用
![安全带]	安全带未系指示灯	
![内循环]	内循环指示灯	
![示宽灯]	示宽灯指示灯	
![VSC]	VSC 指示灯	
![TCS]	TCS 指示灯	

部分功能键使用示例说明表　　　　　　　　　表1-3

功能键	名称	功能使用说明
![油箱]	油箱开启键	
![ESP]	ESP 开关键	
![倒车雷达]	倒车雷达键	
![中控锁]	中控锁键	
![前照灯清洗]	前照灯清洗键	
![儿童安全锁]	儿童安全锁	

2. 主动预约演练

按以下拨打电话的顺序、关键点填写表 1-4 中的基本话术并进行演练。

主动预约内容 表1-4

工作内容	关键点	汽车维修接待员话术
步骤一:主动预约准备工作	1. 查阅客户车辆的维修档案; 2. 进行分析,确定拨打电话的时间; 3. 准备好通话内容和所需要的资料、文件	汽车维修接待员(口述):
步骤二:礼貌问候客户,自我介绍	1. 礼貌热情地问候对方,确认电话对象; 2. 自我介绍; 3. 询问是否方便接听电话	1.问候及确认对方 汽车维修接待员: 2. 自我介绍 汽车维修接待员: 3. 询问是否方便接听电话 汽车维修接待员:
步骤三:表明此次通话的目的	1. 表明目的; 2. 询问行驶里程; 3. 内容简洁、明了; 4. 客户同意预约则继续下一步骤; 5. 客户不同意预约则礼貌结束通话	1.告知对方此次通话目的,并询问里程 汽车维修接待员: 2. 客户不同意预约 汽车维修接待员:
步骤四:询问客户预约要求	1. 询问预约时间要求; 2. 询问维修项目要求并给予建议; 3. 询问人员要求	1. 询问时间要求 汽车维修接待员: 2.询问维修项目要求并给予建议 汽车维修接待员: 3. 询问人员要求 汽车维修接待员:

续上表

工 作 内 容	关 键 点	汽车维修接待员话术
步骤五:审查维修和接待能力	1.审查客户预约当天服务站的维修接待能力； 2.如果不能满足客户的时间要求,建议并提出另一个预约时间	1.审查客户预约当天服务站的维修接待能力 汽车维修接待员(口述): 2.如果不能满足客户的时间要求,建议并提出另一个预约时间 汽车维修接待员:
步骤六:告知维修的预估费用及时间	根据常用配件价格和常规工时价格告知客户完成项目的大致时间和价格	汽车维修接待员:
步骤七:确认预约内容	1.告知客户已将车辆情况和客户要求记录下来； 2.询问客户还有什么疑问需要给予解答； 3.确认客户已经明确的项目、时间和价格； 4.提醒客户携带所需要的资料和证件； 5.提醒客户预约时间段	1.告知客户已将情况和要求记录下来 汽车维修接待员: 2.询问客户还有什么疑问需要给予解答 汽车维修接待员: 3.确认客户已经明确的项目、时间和价格 汽车维修接待员: 4.提醒客户携带所需要的资料和证件 汽车维修接待员: 5.提醒客户预约时间段 汽车维修接待员:

续上表

工 作 内 容	关 键 点	汽车维修接待员话术
步骤八:表示感谢,结束通话	1.结束语要诚恳、态度和蔼; 2.等对方挂断电话再轻轻放下话筒	汽车维修接待员:

3.活动总结

活动二　被动预约(建议学习课时:8 课时)

1.被动预约知识准备

自主学习并填写表1-5。

接听电话原则　　　　　　　　　　　　　　表1-5

例如:1.电话铃响3声或彩铃响10s之内拿起话筒
2.
3.
4.
5.
6.

2.被动预约演练

按以下接听电话顺序、关键点填写表1-6中的基本话术并进行演练。

被动预约内容 表1-6

工作内容	关键点	汽车维修接待员话术
步骤一：礼貌问候客户，自我介绍，询问需求	1. 礼貌热情地问候对方； 2. 自我介绍； 3. 询问需求； 4. 音量、语速要适度	1. 礼貌热情地问候对方 汽车维修接待员： 2. 自我介绍 汽车维修接待员： 3. 询问需求 汽车维修接待员：
步骤二：询问客户的姓名	询问客户的姓名	汽车维修接待员：
步骤三：获取车辆信息，查询维修档案	1. 询问车辆信息； 2. 查询维修记录	1. 询问车型、车牌、行驶里程等信息 汽车维修接待员： 2. 查询维修记录 汽车维修接待员（口述）：
步骤四：询问客户预约要求	1. 询问时间要求； 2. 询问维修项目要求； 3. 询问人员要求	1. 询问时间要求 汽车维修接待员： 2. 询问维修项目要求 汽车维修接待员： 3. 询问人员要求 汽车维修接待员：

续上表

工作内容	关　键　点	汽车维修接待员话术
步骤五：审查维修和接待能力	1.审查客户预约当天服务站的维修接待能力； 2.如果不能满足客户的时间要求，建议并提出另一个预约时间	1.审查客户预约当天服务站的维修接待能力 汽车维修接待员（口述）： 2.如果不能满足客户的时间要求，建议并提出另一个预约时间 汽车维修接待员：
步骤六：告知维修的预估费用及时间	根据常用配件价格和常规工时价格告知客户完成项目的大致时间和价格	汽车维修接待员：
步骤七：确认预约内容	1.告知客户已将车辆情况和客户要求记录下来； 2.询问客户还有什么疑问需要给予解答； 3.确认客户已经明确的项目、时间和价格； 4.提醒客户携带行驶证、《维护手册》等相关资料； 5.提醒客户预约时间段	1.告知客户已将情况和要求记录下来 汽车维修接待员： 2.询问客户还有什么疑问需要给予解答 汽车维修接待员： 3.确认客户已经明确的项目、时间和价格 汽车维修接待员： 4.提醒客户携带行驶证、《维护手册》等相关资料 汽车维修接待员： 5.提醒客户预约时间段 汽车维修接待员：

续上表

工 作 内 容	关 键 点	汽车维修接待员话术
步骤八:表示感谢,结束通话	1.结束语要诚恳、态度和蔼; 2.等对方挂断电话再轻轻放下话筒	汽车维修接待员:

3.活动总结

_____

_____

_____

活动三　预约客户所需要的场地、工具和设备、单据

填写预约客户所需要的场地、工具和设备、单据,见表1-7。

预约客户所需场地、工具和设备、单据　　　　表1-7

场地	
工具和设备	
单据	

任务实施(建议学习课时:18课时)

学习任务:客户丁先生,车型×××,今天致电本服务站进行首次维护预约,并反映他的车油耗比理论油耗高,你作为汽车维修接待员应该如何做好预约?

一、计划与实施

第一步:根据实施方案(表1-8),分配角色及任务。

实 施 方 案　　　　表1-8

步　骤	内　　容	要 点 记 录
1	分析学习任务	
2	选举组长,分配角色	
3	熟悉各角色的工作内容	
4	分角色写话术	
5	情景演练	

第二步：分析完任务之后，编写预约客户话术。

_____

_____

_____

第三步：编写提前 1 天和提前 1h 预约提醒的话术。

_____

_____

_____

第四步：填写预约登记表。

当汽车维修接待员与客户通完电话后，要及时把相关信息记录在预约登记表上。只有以此表作为预约客户的依据，汽车维修接待员接待时才能更好地了解客户的信息。根据预约电话内容填写表 1-9。

预 约 登 记 表　　　　　　　　　　　　　　　表 1-9

以下由预约人员填写					
预约登记日期：		预约维修时间：			
客户姓名		车牌号		车型	
联系电话		行驶里程		预约服务专员	
客户描述：					
预约维修内容	工时费用		所需配件	价格	配件状况
与客户提前 1 天确认预约	是□ 否□	新预约时间：			
预约所需配件是否已准备	是□ 否□				
预约时间是否改变	是□ 否□				
预约所需维修技师是否已准备	是□ 否□				
与客户提前 1h 确认预约	是□ 否□				
填写预约看板	是□ 否□				
预约取消分析：					
客户主动取消预约原因：					
服务站未能执行预约的原因：					
汽车维修接待员签字：					

第五步：为客户进厂做准备。

在预约客户进厂前,汽车维修接待员应根据预约维修方案进行准备工作。根据学习任务的情景填写表1-10。

准备的内容　　　　　　　　　　　　　　　　　　　表1-10

序号	准备的内容	汽车维修接待员话术
1	完善并打印好派工单	汽车维修接待员(口述):
2	与配件部门联系,准备所需要的配件(机油、机油滤清器等)	汽车维修接待员:
3		汽车维修接待员:
4		汽车维修接待员:
5		汽车维修接待员:
6		汽车维修接待员:

在客户到达服务站之前,汽车维修接待员要把相关的信息记录在预约看板上。预约看板一般放在显眼的位置(如门口),让客户看到凡是预约的车辆都会得到优先接待。填写表1-11。

预约看板　　　　　　　　　　　　　　　　　　　表1-11

序号	预约回厂时间	客户姓名	联系电话	车型	车牌号	主要维修项目	预计交车时间	汽车维修接待员
1								
2								
3								
4								

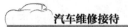

第六步:各小组情景练习,由观察员记录本组的演练过程,填写表 1-12。

过程记录表　　　　　　　　　　　　　　　　　　　　　表 1-12

演练过程	
优点	改进建议

二、任务评价

根据任务实施情况,填写表 1-13。

预约客户评价表　　　　　　　　　　　　　　　　　　　表 1-13

评价内容	分值	自评	互评
1. 电话铃响三声之内拿起话筒,自我介绍,询问客户姓名	5		
2. 主动询问客户需求	5		
3. 询问客户的车型、车牌号、里程数等车辆信息	10		
4. 询问客户合适的预约时间	5		
5. 引导客户选择非高峰时段	5		
6. 主动告知完成确定项目的时间和价格	5		
7. 对客户的油耗问题给予合理的解释	10		
8. 重复并确认客户的需求	10		
9. 提醒客户带齐相关资料	10		
10. 致谢,结束通话	5		
11. 填写预约登记表	10		
12. 提前 1 天、1h 联系客户	10		
13. 综合表现	10		
合计	100		

教师评价:

　　　　　　　　　　　　　得分:　　　　　　　　　　　　　教师签名:

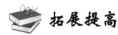

拓展提高

情景一：经系统提示，客户朱女士的车快到做首次维护的时间了，请致电朱女士，了解车辆的使用情况并邀约她来店做首次维护。

情景二：客户赵先生，车型×××，今早致电服务站做首次维护预约，并咨询常规维护需要换些什么，汽车维修接待员该如何做好预约？

情景三：客户黄先生预约了今天下午15：30来店做首次维护，汽车维修接待员提前1h跟黄先生确认，但在确认过程中黄先生表示不能按时到店，该如何处理？

情景四：经系统提示，客户王女士的车快到做15000km维护的时间了，请致电王女士邀约她来店做维护。

情景五：客户赵先生，车型×××，行驶里程为29500km，今天致电服务站预约3天后来店做维护，汽车维修接待员该如何做好预约？

情景六：客户陈先生，车型×××，行驶里程为44050km，今早致电服务站预约，并反映近两周来制动时有异响，汽车维修接待员该如何做好预约？

任务二 接待客户

任务描述

客户欧阳先生,车型×××,行驶里程为15008km,燃油还剩3/4,现到店进行常规维护加全车检查。据欧阳先生反映,该车在行驶过程中底盘异响,汽车维修接待员应该如何接待欧阳先生?

学习目标

通过本任务学习,应能:
1. 有序地进行接待前的准备(表单、工具、工作环境及情绪);
2. 快速接待客户,仔细倾听客户需求并问诊,然后正确地安装车辆防护用品;
3. 进行常见故障解释、保修政策解释、服务产品销售及产品功能演示;
4. 进行环车检查并准确填写预检单;
5. 解释常见维修维护项目、工时、配件价格;
6. 准确填写派工单、首次维护表单和定期维护表单;
7. 提高团队协作能力。

建议课时

54课时。

学习引导

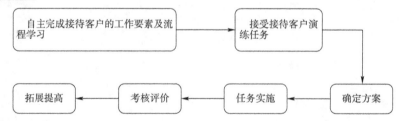

 知识准备

一、接待客户的工作流程

接待客户的工作流程如图2-1所示。

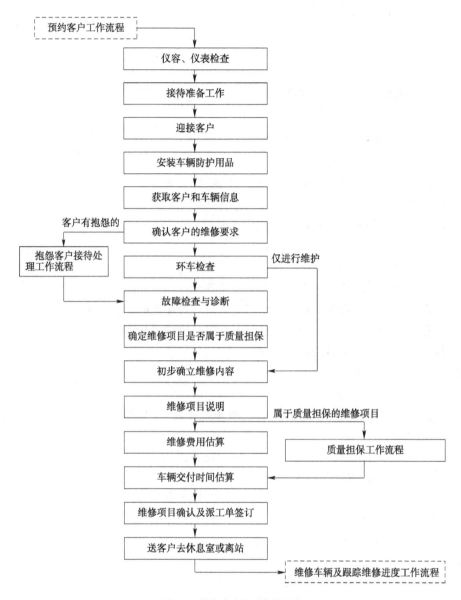

图 2-1 接待客户的工作流程图

二、接待客户概述

(一)接待客户的目的及意义

1. 目的

(1) 严格控制客户等候时间,确保及时快速接待客户。
(2) 仔细聆听客户的需求,并能进行简单的故障诊断。
(3) 对车辆进行目视检查以便对客户所要修理的项目提出建议。

(4)向客户详细解释将要在其车辆上进行的维修工作内容。

(5)向客户提供书面约定。

2. 意义

(1)提高接待客户的质量。

(2)获得客户的好感,使后续服务顺利进行。

(3)通过专业的检测为客户提供合理化建议,为企业创造利润。

(4)明确双方责任,避免纠纷。

(二)接待客户环节的工作要素

1. 仪容、仪表检查

(1)按汽车维修企业员工着装标准着装,保证整洁、无破损。

(2)检查仪容、仪表,保证面部各部位干净、整洁、无异味。

(3)始终保持饱满的精神面貌和微笑的面容。

2. 接待准备工作检查

1)文件资料和工具检查

(1)按工作流程要求检查所有工作单据是否齐全。

(2)检查接待前台每台计算机的工作状况以及与打印机的连接状况。

(3)查看、整理客户预约登记簿,并及时更新客户预约看板内容。

(4)检查来电显示电话是否正常工作。

(5)整理汽车防护用品。

2)工作环境的清洁和整理

(1)每天开始营业前,检查维修出入口、服务接待区、接待前台、客户休息室、洗手间的卫生。

(2)整理客户休息室,检查并打开音响、影像设备,保证计算机处于连网状态。

(3)报刊摆放整齐,并及时更新。

(4)保证客户接待大厅、客户休息室温度适宜,灯光照度适宜。

3. 迎接客户

(1)当客户来到服务站时,要迅速出迎。

(2)引导客户停车。

(3)向客户问好,问候客户时要注视客户并面带微笑。

(4)主动为客户开启车门,并进行自我介绍。

(5)询问客户姓名,之后礼貌、正确地称呼客户。

4. 安装车辆防护用品

在车辆检查前,当着客户的面安装汽车防护用品,并说明其作用。

5. 获取客户和车辆信息

获取客户及其车辆的基本信息,如报修人姓名、联系电话、车牌号、车辆行驶里程、VIN码等,请客户出示《维护手册》。

6. 确认客户的维修要求

(1)仔细倾听客户所反映的维修要求及车辆的故障描述,并用专业的提问方式了解问题的详细情况。

一类:维护(首次维护、定期维护)。

二类:快修服务和较易判断故障原因的一般性维修。

三类:较难判断故障原因的和维修时间较长的(如电器、电路故障,总成维修等)。

四类:对车辆行驶和使用感觉不理想,或由于前次维修处理不当(包括客户不理解因素)需返修而产生抱怨的(对有较强烈抱怨的客户,优先处理,并及时通知技术专家或服务经理)。

(2)在预检单上准确地记录客户的要求。

7. 环车检查

(1)在服务接待区邀请客户一起对车辆外观、发动机舱和行李舱进行检查。

(2)边检查边将检查结果(好的、损坏的)告知客户,并记录在预检单或环车检查单上。

(3)依据预检单的记录,对客户的报修项目进行确认(包括报修故障的描述,简单复述即可),并征询客户有无其他要求,做好记录。

(4)完善预检单中其他检查项目(燃油、附件、贵重物品等状况),告知客户,做好记录,并请客户签字、确认。

(5)对于第二、三类情况,告诉客户车辆还需维修技师进行故障原因分析及故障处理确认,并对车辆底盘部分进行检查。

(6)邀请客户先到休息室稍事休息,并立即通知车间调度员接车,同时获取车间维修工位及维修人员负荷状况。

(7)如果客户车辆仅需进行维护,则立即通知车间调度员接车,由其将车辆驾驶至"维护专用工位"。

8. 维修技师进行故障检查及诊断

(1)第二类维修在"快修专用工位",第三、四类维修在"预检专用工位",由汽车维修接待员或邀请维修技师一起对车辆底盘部分进行检查,检查结果记录在预检单上,以便向客户解释;涉及安全的维修项目,安排路试。

(2)维修技师对客户报修故障进行判断,将故障原因分析和故障处理方法详细告诉汽车维修接待员,由汽车维修接待员用专业词汇记录在预检单上。

(3)维修技师如果无法判断故障,则请技术专家协助;技术专家独立诊断45min仍无法判断的,则申请技术援助。

(4)当车辆故障判断所需时间较长时,汽车维修接待员应与维修技师或技术专家交流后,向客户及时说明相关情况,希望客户耐心等候。

9. 确定维修项目是否属于质量担保范围

(1)汽车维修接待员根据品牌车辆质量担保政策,初步判定车辆维修项目和客户的需求是否属于质量担保范围,最终结果由索赔员确认。

(2)对要进行质量担保申请的维修项目,应及时向客户进行说明,并请客户耐心等候。

(3)对当时很难判定是否属于质量担保范围的,应向客户说明原因,待进一步诊断后做出结论;仍无法判定的,应将情况及时上报品牌服务部保修业务室,待批准后做出结论。

10. 初步确立维修内容

(1)根据预检单,准备派工单,初步确立维修项目、维修配件以及维修工时,在系统上进行保存,并将配件名称、配件费用以及工时费用简明扼要地记录在预检单上。

(2)查询车辆历史维修记录,进一步明确维修内容,做好相应对策。

11. 维修项目说明

(1)邀请客户到接待前台。

(2)向客户说明所报故障的生成原因及故障处理方法,以及维修所需配件费、工时费,经客户同意维修后,在预检单上做确认记录。

(3)对进行底盘检查的车辆,依据预检单中的记录,向客户说明检查结果(好的、损坏的)。

(4)将检查中发现的而客户没有意识到的维修项目,告知客户,同时建议维修,如果客户同意,则做相应记录。

(5)对于维修增项,若属于质量担保范围,直接按"质量担保工作流程"操作。

(6)对于维护车辆,需要客户提供《维护手册》,根据其上的记录,找出符合该车辆维护里程的维护表单,向客户说明将对车辆所要进行的维护内容。

12. 维修费用估算

(1)对维修费用进行估算,并将维修费用按配件费、工时费进行细化。

(2)对于某些维修项目,如果不能立即准确地估算出维修费用,则告知客户总费用要在对车辆进行详细诊断后给出。

13. 车辆交付时间估算

(1)根据配件库存情况、工作次序、维修工作负荷、车辆作业时间、维修车间工位使用状况等估算交付时间。

(2)如果配件缺货,则应立即通知配件部门进行紧急采购,了解到货时间,告知客户可另预约维修时间。

(3)与客户进行协商,在尽量满足客户要求的前提下,商定车辆维修后交付时间。

14. 维修项目确认及派工单签订

(1)根据经与客户商量后确认的维修项目以及车辆预计交付时间,在系统上对初步开具的派工单进行修改、完善,并打印。

(2)利用派工单再次与客户核实维修项目,确认有无遗漏,并说明维修费用为预估费用,实际费用以车辆维修完毕后的结算单为准。

(3)征询(自费维修)客户对其车上更换下来的零件的处理意见,如果客户希望看到或者收回旧零件,应在派工单上注明;否则,由服务站自行处理(质量担保期内更换下来的零件除外)。

(4)征询客户意见:车辆维修完毕后,是否需要服务站对车辆进行免费清洗,并在派工单上注明。

(5)对于涉及某些安全件的维修项目,应着重向客户进行说明,并建议维修;若客户拒绝,则请客户在派工单对应栏上签字确认。

(6)向客户说明在维修过程中如果有新的增补维修项目发生时,汽车维修接待员将:

①通知客户增补维修项目的内容、费用估算、维修时间以及交付时间的变更。

②确认客户同意增补维修的方式(现场签字、电话、短信、传真、邮件回复等),并记录在

派工单上。

③更新派工单内容,需客户重新签字。

(7)请客户确认上述项目并在派工单上签字,之后由汽车维修接待员签字;

(8)将派工单的客户联交给客户。

15.送客户去休息室或离站

(1)安排客户休息或送走客户:

①如果客户需要在服务站内等待,则送客户到休息室休息,并为客户递上一杯水或饮料。

②如果客户不在站内等待,则礼貌、热情地送客户至服务站门口。

(2)将双方签字后的派工单的车间联、预检单(对于维护车辆还有维护表单)交给车间调度员。

 活动开展

活动一 接待前准备工作(建议学习课时:2课时)

自主学习并填写接待前准备工作表(表2-1),按照表中的主要内容进行接待前准备工作演练。

接待前准备工作表　　　　　　表2-1

接待前准备工作	主 要 内 容
仪容、仪表检查	例如:着装
文件资料和工具检查	例如:三件套或五件套
工作环境的整理与清洁	例如:整理接待台

活动二 接待客户(建议学习课时:8课时)

1.接待客户

按以下关键点进行接待客户的阶段演练,并填写对应话术,见表2-2。

接待客户工作要素　　　　　　　　　　　　　表2-2

工作内容	关键点	汽车维修接待员话术
步骤一：迎接客户 引导客户停车	1. 当客户来到服务站时，要迅速出迎； 2. 引导客户停车	汽车维修接待员：
步骤二：主动为客户开启车门，获取客户信息	1. 向客户问好； 2. 主动为客户开启车门，并进行自我介绍； 3. 询问客户姓名（如报修人姓名、联系电话），礼貌、正确称呼客户，并询问到店目的	汽车维修接待员：
步骤三：安装车辆防护用品	在车辆检查前，当着客户的面安装防护三件套或五件套并说明其作用（座椅防护罩、地毯垫、转向盘护套、变速杆护套及驻车制动器护套）	汽车维修接待员：

续上表

工作内容	关 键 点	汽车维修接待员话术
步骤四:获取车辆信息	1. 获取车辆基本信息:车牌号、车辆行驶里程、车辆VIN码等; 2. 检查内饰	汽车维修接待员:
步骤五:对客户进行详细"问诊"	1. 仔细倾听客户所反映的维修要求及车辆的故障描述,如有必要,用专业的提问方式了解问题的详细情况; 2. 在预检单上准确地记录客户的要求	汽车维修接待员:

2. 活动总结

活动三　问诊技巧(建议学习课时:2课时)

学习6W2H提问法,并填写对应话术,见表2-3。

6W2H问诊表　　　　　　　　　　　　表2-3

6W2H	关 键 点	汽车维修接待员话术
Who		
Where		
When		
Why		
Which		
What		
How much		
How to do		

活动四 环车检查（建议学习课时：14 课时）

1. 车辆外观检查

（1）自主学习并填写车辆外观检查内容，见表 2-4。

车辆外观检查内容　　　　　　　　　　　　　　　表 2-4

检查项目	主 要 内 容
车辆外观检查	例如：1. 车身漆面检查
	2.
	3.
	4.
	5.

（2）按步骤进行车辆外观检查的阶段演练，并填写关键点及对应话术，见表 2-5。

车辆外观检查阶段演练　　　　　　　　　　　　　表 2-5

工 作 内 容	关 键 点	汽车维修接待员话术
步骤一：车身漆面检查		汽车维修接待员：
步骤二：胎面检查		汽车维修接待员：

续上表

工 作 内 容	关 键 点	汽车维修接待员话术
步骤三：玻璃检查		汽车维修接待员：
步骤四：刮水器检查		汽车维修接待员：
步骤五：车灯外观检查		汽车维修接待员：

(3) 活动总结

_____

_____

2. 行李舱检查

行李舱检查知识准备及阶段演练，并填写对应话术，见表2-6。

行李舱检查表　　　　　　　　　　　表2-6

检查项目	检查内容	汽车维修接待员话术
行李舱检查	例如：备胎	汽车维修接待员：

3. 发动机舱检查

(1) 自主学习并填写发动机舱油液检查项目，见表2-7。

发动机舱油液检查项目　　　　　　　表2-7

检查项目	车型：	里程：
发动机舱油液检查	例如：1. 发动机机油检查	
	2.	
	3.	
	4.	
	5.	
	6.	

(2) 按以下关键点进行发动机舱检查的阶段演练，并填写对应话术，见表2-8。

发动机舱检查阶段演练　　　　　　　表2-8

工作内容	关键点	汽车维修接待员话术
步骤一：检查机油 机油油品质量检查 机油液位检查 （实际机油量、上限、下限）	1. 机油油品质量检查； 2. 机油液位检查	汽车维修接待员：

续上表

工作内容	关　键　点	汽车维修接待员话术
步骤二：检查冷却液	冷却液液面应在上限和下限标记之间	汽车维修接待员：
步骤三：检查动力转向液	检查动力转向液液面，分为以下两种情况： 1. 在上限和下限标记之间； 2. 无标尺的，观察液面位置	汽车维修接待员：
步骤四：检查风窗玻璃清洗液	1. 先在风窗玻璃上喷洒适量的水，防止刮水器干刮； 2. 只需少许添加风窗玻璃清洗液，以保证功能正常	汽车维修接待员：
步骤五：检查制动液	制动液液面应在上限和下限标记之间	汽车维修接待员：

续上表

工作内容	关 键 点	汽车维修接待员话术
步骤六:检查线束	检查各线束的连接状况	汽车维修接待员:
步骤七:检查胶皮管	检查胶皮管是否老化、开裂	汽车维修接待员:
步骤八:检查蓄电池	检查蓄电池是否正常工作,接线柱连接是否牢固	汽车维修接待员:

(3)活动总结

活动五 维修报价及派工单签订(建议学习课时:14 课时)

1. 维修报价及派工单签订

按以下关键点进行维修报价及派工单签订的阶段演练,并填写对应话术,见表2-9。

维修报价及派工单签订　　　　　　　表2-9

工作内容	关　键　点	汽车维修接待员话术
步骤一：维修项目说明	1. 邀请客户到接待前台； 2. 向客户说明故障原因及处理方法； 3. 对进行底盘检查的车辆，依据预检单向客户说明检查结果； 4. 将检查中发现的而客户没有意识到的维修项目，告知客户，同时建议维修； 5. 对于维护车辆，依据维护表向客户说明将要进行的维护内容	汽车维修接待员：
步骤二：维修费用估算	1. 对维修费用进行估算，并将维修费用按配件费、工时费进行细化； 2. 不能立即准确估算的费用，告知客户要在对车辆进行详细诊断后给出	汽车维修接待员：
步骤三：车辆交付时间估算	1. 估算交付时间； 2. 如果配件缺货，则立即通知配件部门进行紧急采购，了解到货时间，告知客户可另预约维修时间； 3. 与客户进行协商，在尽量满足客户要求的前提下，商定车辆维修后交付时间	汽车维修接待员：

续上表

工 作 内 容	关 键 点	汽车维修接待员话术
步骤四：维修项目确认及派工单签订	1.打印派工单； 2.再次与客户核实维修项目，并说明维修费用为预估费用； 3.征询旧件处理意见； 4.征询是否免费洗车； 5.涉及安全的维修项目，着重向客户说明，并建议维修； 6.进行增项说明； 7.请客户在派工单上签字，之后由汽车维修接待员签字； 8.将派工单的客户联交给客户	汽车维修接待员：
步骤五：送客户去休息室或离站	1.安排客户休息或送走客户； 2.将双方签字后的派工单的车间联、预检单（对于维护车辆还有维护表单）交给车间调度员	汽车维修接待员：

2.活动总结

活动六 接待客户环节所需要的场地、工具和设备、单据

填写接待客户所需要的场地、工具和设备、单据，见表2-10。

接待客户所需场地、工具和设备、单据　　　　　　表2-10

场地	
工具和设备	
单据	

 任务实施（建议学习课时：14课时）

学习任务：客户鲁女士，车型×××，行驶里程为45010km，燃油还剩1/2，现到店进行常规维护加全车检查。据鲁女士反映，该车在行驶过程中出现跑偏，作为汽车维修接待员，你应该如何接待鲁女士？

一、计划与实施

第一步：根据实施方案（表2-11），分配角色及任务。

实　施　方　案　　　　　　表2-11

步　　骤	内　　容	要　点　记　录
1	分析学习任务	
2	选举组长，分配角色	
3	熟悉各角色的工作职责	
4	分角色写话术	
5	情景演练	

第二步：分析完任务之后，编写接待客户话术。

_____

_____

第三步：填写预检单和派工单。

(1) 填写预检单,见表2-12。

维 修 前 预 检 单　　　　　　　　　表2-12

客户信息		
报修人：	联系电话：	报修日期：
车辆信息		
牌照号：	行驶里程：	VIN码：
附件状况： 工具□ 天线□ 点烟器□ 备胎□ 千斤顶□ 翼子板□ 灭火器□		

外观缺陷：□有　□无

外观情况　　　　　　　　　　　好　坏　维修
□车门玻璃和风窗玻璃状况·　□　□　□
□前后灯状况······　□　□　□
□车身和油漆状况····　□　□　□
□刮水器状况·····　□　□　□
□前轮轮胎的状况···　□　□　□
□后轮轮胎的状况···　□　□　□

发动机情况
□线束的状况(如果可以看见)□　□　□
□胶皮管状况(如果可以看见)□　□　□
□发动机机油液面····　□　□　□
□冷却液液面·····　□　□　□
□制动液液面·····　□　□　□
□助力转向液面····　□　□　□
□蓄电池状况·····　□　□　□

在举升机上　　　　　　　　好　坏　维修
□前轮(非正常磨损)···　□　□　□
□后轮(非正常磨损)···　□　□　□
□轮胎压力(包括备胎)··　□　□　□
□转向球头和防尘套的状况·　□　□　□
□发动机和变速器的密封··　□　□　□
□减振器和悬架管路的密封·　□　□　□
□传动轴和球笼的状况··　□　□　□
□制动系统的密封和管路状况　□　□　□
□排气管状况及固定···　□　□　□

其他　　　　　　　　　　　　　是　否
□质量预防······　□　□
□技术预检······　□　□
□空调性能检查····　□　□
□发动机排放检查···　□　□

好:合格　　坏:有故障,需维修　　维修:客户确认维修

报 修 项 目	其 他 故 障
剩余燃油:0□　1/4□　1/2□　3/4□　1□	客户要求
客户寄存物品：	
其他装备：	

客户签名：　　　　　　　　　　　　　　　　　　汽车维修接待员签名：

(2) 填写派工单,见表2-13。

委托维修派工单 表2-13

车主		联系地址		报修人	
车主电话				报修人电话	

派工单号	接车日期	牌照号	车型	VIN码
配件组织号	购车日期	首次维护日期	行驶里程	预交车时间

序号	维修内容	工时	单价	工时费	维修项目类型	维修班组	维修人员
1							
2							
3							
4							
5							
6							
7							

序号	条件编码	配件名称	数量	单价	配件费	维修项目类型	备注
1							
2							
3							
4							
5							
6							
7							

建议维修项目

客户意见	维修费用预估		本费用为预估费用,实际费用以车辆维修结算单为准
本次维修的旧件您希望:带走□ 不带走□ 声明:质量担保更换的配件所有权归维修企业 您的车辆是否需要清洗:清洗□ 不清洗□	工时费		
	配件费		
	其他		
	总计		

本派工单一式三份,客户、财务、车间各执一份。双方签字后,派工单上所记录的内容均要被遵守

客户签名:　　　　　　　接车员签名:

第四步:完成学习任务中的情景,由观察员记录情景演练过程,填写表2-14。

过程记录表　　　　　　　　　　　　　　　　　　　　　　　表2-14

情景演练过程	
优点	需要改进

二、任务评价

情景演练结束后对整个接待客户环节进行评价,见表2-15。

接待客户评价表　　　　　　　　　　　　　　　　　　　　　表2-15

评价内容	分值	自评	互评
1. 按企业员工着装标准着装;检查仪容、仪表	2		
2. 始终保持饱满的精神面貌和微笑的面容	2		
3. 主动出迎,为客户开启车门	2		
4. 应用标准用语主动进行自我介绍,并递送名片	3		
5. 获取客户信息,并正确、礼貌地称呼客户	2		
6. 运用沟通技巧引导客户详细地描述故障,如"什么时候有异响""在什么路况下出现等",认真听取客户故障描述和维修需求	4		
7. 针对客户故障描述给出合理的解释,并在预检单上做记录	4		
8. 当着客户的面为车辆安装防护用品并获取车辆信息	6		
9. 检查车辆内饰并在预检单上正确记录	8		
10. 检查车辆外观并在预检单上正确记录	8		
11. 检查车辆发动机舱并在预检单上正确记录	8		
12. 检查行李舱,并在预检单上正确记录,提醒客户带好贵重物品,询问客户是否有其他需求	8		
13. 将车辆环车检查结果告知客户,双方签字确认	3		
14. 引导并陪同客户到休息区,并递送水或饮料	3		
15. 根据预检单,准备派工单,初步确立维修项目、配件以及维修工时,在系统上进行输入,并将配件名称、配件费用以及工时简明扼要地记录在预检单上	2		
16. 邀请客户到接待前台,向客户说明故障的生成原因及处理方法	4		
17. 说明本次维修内容、维修预估费用及预估交车时间	6		
18. 在系统上对开具的派工单进行修改和完善,并打印	2		
19. 利用派工单再次与客户核实维修项目,并说明维修费用为预估费用,实际费用以结算单为准	3		
20. 征询客户(自费维修)更换下来的旧件是否带走	2		
21. 征询客户是否需要免费洗车	2		

续上表

评价内容	分值	自评	互评
22.征询客户若在维修过程中有新增的维修项目以何种方式确认	2		
23.派工单确认无误后,双方签字确认,将客户联交给客户作为取车凭证	2		
24.引导客户到休息室休息等候,告知客户将立即派工	2		
25.综合评价	10		
合计	100		

教师评价：

得分： 教师签名：

拓展提高

情景一：客户秦先生，车型×××，行驶里程为14780km，燃油表显示已到红线，现到店进行维护加全车检查。马上就到夏天了，作为汽车维修接待员，你如何接待客户秦先生？同时进行维护产品推介？

情景二：客户孔女士，车型×××，燃油还剩1/2，预约65015km维护，并反映车辆转向困难（客户之前已经反映过多次）。作为汽车维修接待员，你应该如何接待客户孔女士？

情景三：客户彭先生，车型×××，行驶里程为30002km，燃油还剩1/4，汽车在高速行驶时出现行驶不稳和转向盘抖动的情况。作为汽车维修接待员，你应该如何接待客户彭先生？

任务三　维修车辆及跟踪维修进度

任务描述

汽车维修接待员小王接待了客户张先生,车型×××,行驶里程为40186km,车辆到店进行维护。张先生已离店,离约定交车时间还有半小时,在跟踪车辆维修进度的过程中,维修技师告知该车需要新增更换火花塞的项目。你作为汽车维修接待员,应该怎么办?

学习目标

通过本任务的学习,应能:
1. 辅助完成车辆派工维修;
2. 正确说出维修车辆及跟踪维修进度流程;
3. 及时跟踪维修进度,掌握维修情况;
4. 适时向客户汇报车辆维修情况及进度;
5. 正确、专业地与客户沟通新增维修项目事宜,正确处理新增维修项目。

建议课时

24课时。

学习引导

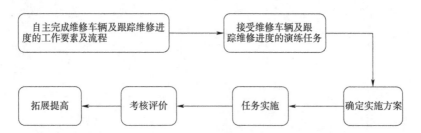

知识准备

一、维修车辆及跟踪维修进度的工作流程

维修车辆及跟踪维修进度的工作流程如图3-1所示。

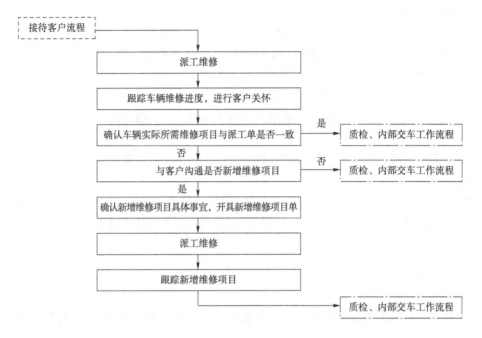

图 3-1　维修车辆及跟踪维修进度的工作流程图

二、跟踪车辆维修进度概述

(一) 派工

1. 派工流程

2. 派工的工作内容

在分配维修任务时，车间调度员按普通维修、预约车辆及返修来区分派工。车间调度员将派工单及车钥匙分配给相应的维修技师执行维修任务。车间调度员必须向维修技师明确修理项目，说明故障性质、维修顺序、需要更换的配件、预计完成时间及其他注意事项。

3. 派工维修的原则

(1) 客户要求第一。

(2) 班组技术能力与车辆故障疑难系数相协调。

(3) 尽量减少客户等待时间。

(4) 维修项目相对公平。

(5) 免工时费的车辆轮流维修。

(6) 返修车辆优先维修。

(7) 预约车辆按预约顺序优先维修。

(二)跟踪维修进度

1. 跟踪维修进度的必要性

汽车维修接待员应及时了解车辆修理状况,便于主动向客户汇报车辆的维修进展情况或回复客户询问,同时也可监督维修工作是否按照维修任务书完成,以便更好地服务客户,提高客户满意度。

2. 跟踪维修进度的工作内容及要求

(1)通过车间调度员及时跟踪车辆维修情况及进展,不定期地向客户进行通报,并询问客户是否还有其他要求。

(2)如果维修时间延长或有维修项目增加时,应及时向客户现场说明或电话通报,征询客户的处理意见。

(3)汽车维修接待员与配件部门及时沟通,保证供货渠道畅通、配件充足。

(4)车辆维修完毕并经自检合格后,将车辆、钥匙以及全部工作表单交给车间调度员,安排维修质量检查。

(三)新增维修项目

1. 新增维修项目的原因

(1)客户在使用及汽车维修接待员在预检过程中没有发现故障,维修技师在维修过程中发现故障。

(2)故障还未发生,但存在故障隐患或安全隐患,需采取预防措施。

2. 新增维修项目处理工作内容

维修技师:在维修过程中,如果发现新的维修内容,应将新增维修内容及处理方法记录在预检单中,并第一时间通知车间调度员或汽车维修接待员。

汽车维修接待员:①须及时将信息反馈给客户,同时必须向客户说明更改后的维修项目、预估时间、预计费用、交车时间。在征得客户同意后告知车间调度员或维修技师以实施新的维修方案,开具维修增项工单,并对客户的配合表示感谢。②对于索赔性质的修理项目有疑问的,汽车维修接待员应该与索赔员取得沟通,确定维修方案,并向客户征询维修意见。征得客户同意后,必须重新开具工单。

3. 新增维修项目处理方法

(1)客户同意新增维修项目的处理方法:

①在派工单上填写新增维修内容。

②若客户在场,请客户签字确认。

③若客户不在场,对客户同意过的新增维修项目方式进行确认(电话、短信、微信、传真、邮件),之后在客户提取车辆时,请客户在维修工单上补签。

④通知车间调度员安排增项维修工作。

(2)客户不同意维修的处理方法:

①对存在安全隐患的维修项目,请客户在派工单对应栏内签字,并友情提示客户注意该故障的变化,约请客户尽快维修处理。

②对非涉及安全的维修项目,进行用车温馨提示。

③通知车间调度员安排下一步维修工作。

活动开展

活动一　跟踪车辆维修进度(建议学习课时:6课时)

1. 跟踪车辆维修进度阶段知识准备

自主学习并填写表3-1(车型以学习任务为准)。

常 规 维 护 项 目　　　　　　　　　　　　　　　　表3-1

品牌:	车型:	里程:
常规维护项目	零件	备注

2. 通报维修进度

按以下关键点进行向客户通报维修进度的阶段演练,并填写对应话术,见表3-2。

通 报 维 修 进 度　　　　　　　　　　　　　　　　表3-2

工作内容	关　键　点	汽车维修接待员话术
步骤一:主动联系客户	1. 客户在店等候; 2. 客户离店	1. 客户在店等候(进行客户关怀) 汽车维修接待员: 2. 客户离店(电话问候客户) 汽车维修接待员:
步骤二:说明维修进展跟踪情况	1. 正确解释维修进展跟踪的过程; 2. 期望值引导; 3. 告知预估交车时间及费用	汽车维修接待员:
步骤三:向客户解释维修进展和预期存在差异的原因,并达成一致	注意沟通技巧	汽车维修接待员:

3. 活动总结

活动二　处理新增维修项目(建议学习课时:6课时)

1. 处理车辆新增维修项目阶段知识准备

自主学习并填写表3-3。

汽车常见故障　　　　　　　　　表3-3

品牌:		车型:	里程:
	常见故障		故障原因
发动机			
底盘			
电气设备			

2. 车辆新增维修项目

按以下关键点进行车辆新增维修项目的阶段演练,并填写对应话术,见表3-4。

新增维修项目工作内容　　　　　　　　　表3-4

工作内容	关　键　点	汽车维修接待员话术
步骤一:新增维修项目准备	1. 分析新增维修项目故障原因; 2. 不新增维修项目将可能导致的故障隐患; 3. 预估新增维修项目费用及交车时间; 4. 填写新增维修项目单	1. 汽车维修接待员(新增维修项目准备内容); 2. 组员互查新增维修项目单填写内容的准确性
步骤二:与客户沟通新增维修项目事宜	1. 问候客户; 2. 说明新增维修项目原因及项目内容; 3. 解释新增维修项目的必要性; 4. 说明费用及交车时间; 5. 客户同意新增维修项目确认签字;如果客户不同意新增维修项目,进行用车温馨提示	汽车维修接待员:
步骤三:派工维修及跟踪	1. 派工维修; 2. 跟踪车辆维修进度,进行客户关怀	汽车维修接待员:

3. 活动总结

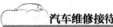

活动三 维修车辆及跟踪维修进度所需要的场地、工具和设备、单据

根据学习任务情景,填写表3-5。

维修车辆及跟踪维修进度所需场地、工具和设备、单据　　　　　表3-5

场地	
工具和设备	
单据	

任务实施(建议学习课时:12课时)

学习任务:汽车维修接待员小张接待了客户林女士,车型×××,行驶里程为60186km,车辆到店进行维护。林女士已离店,离约定交车时间还有1h,在跟踪车辆维修进度的过程中,维修技师告知汽车维修接待员该车需要新增清洗气门的项目,汽车维修接待员应该怎么办?

一、计划与实施

第一步:根据实施方案(表3-6),分配角色及任务。

实　施　方　案　　　　　表3-6

步　骤	内　　容	要 点 记 录
1	分析学习任务	
2	选举组长,分配角色	
3	熟悉各角色的工作内容	
4	分角色准备话术	
5	情景演练	

第二步:任务分配之后,编写跟踪维修进度、处理新增维修项目话术。

_____

_____

第三步:填写以下新增维修项目单,见表3-7。

追加工作报价单　　　　　表3-7

车牌号码:　　　　　　客户姓名:　　　　　　维修接待员:
VIN码:　　　　　　　施工单号:

序号	追加维修项目内容	需要更换配件	配件编码	数量	配件单价	库存/到货时间(订购配件)	工时	客户答复	作业结果

续上表

序号	追加维修项目内容	需要更换配件	配件编码	数量	配件单价	库存/到货时间(订购配件)	工时	客户答复	作业结果

追加费用小计:		零件:	工时:	追加总计:	
签名	追加技师	车间主管	配件部	调度员	客户确认:
时间					

第四步:完成学习任务中的情景,由观察员记录,填写表3-8。

过 程 记 录 表　　　　　　　　　　　　　　　表3-8

情景演练过程	
优点	需要改进

二、任务评价

根据任务实施情况,填写表3-9、表3-10。

跟踪维修进度环节评价表　　　　　　　　　　表3-9

评价内容	分值	自评	互评
1.问候并致意客户,进行客户关怀	10		
2.认真听取客户的问题和要求	10		
3.换位思考,安抚客户情绪,适当提问以确定客户需求	10		
4.是否与车间主管或维修技师沟通维修项目和交车时间	10		
5.是否及时跟踪维修进度	5		
6.是否通知客户交车的时间和费用	10		
7.向客户解释维修进展与预期存在差异的原因,并达成一致	10		
8.是否再次与车间主管或维修技师沟通维修进度和交车时间	10		
9.整理客户信息	5		

续上表

评价内容	分值	自评	互评
10. 提供的服务,客户是否满意	10		
11. 综合表现	10		
合计	100		

教师评价:

得分:　　　　　　教师签名:

新增维修项目处理环节评价表　　　　表3-10

评价内容	分值	自评	互评
1. 问候并致意客户,进行客户关怀	5		
2. 表明来意,说明新增维修项目原因及内容	10		
3. 分析故障及安全隐患,表明新增维修项目的必要性	5		
4. 认真听取客户的问题和要求,适当提问以确定客户需求	5		
5. 换位思考,安抚客户情绪	5		
6. 说明新增维修项目预估费用及交车时间	10		
7. 与客户达成一致,确认签字	10		
8. 与维修主管或维修技师沟通,派工维修	5		
9. 是否跟踪维修进度	5		
10. 进度和项目有变化时,是否及时与客户取得沟通,达成一致	5		
11. 是否重新制作任务委托书,请客户在新的委托书上签字确认	5		
12. 整理客户信息	10		
13. 提供的服务,客户是否满意	10		
14. 综合表现	10		
合计	100		

教师评价:

得分:　　　　　　教师签名:

拓展提高

情景一:客户张先生,车型×××,行驶里程为45230km,车辆到店进行维护。在维护过程中,张先生私自进入车间,查看维修技师维护过程,并询问维护项目和配件更换情况,汽车维修接待员应该怎么办?

情景二:客户王女士,车型×××,行驶里程为42313km,车辆到店进行维护。王女士在休息室等候提车,恰逢午餐时间,车辆离约定提车还有1.5h,汽车维修接待员应该怎么办?

情景三:客户李先生,车型×××,行驶里程为49673km,车辆到店进行维护。李先生已离店,离约定提车还有0.5h,该车需要新增清洗气门的项目。汽车维修接待员多次电话联系客户均处于无法接通状态,汽车维修接待员应该怎么办?

情景四:客户赵女士,车型×××,行驶里程为43412km,车辆到店进行维护。赵女士已离店,离约定提车还有1h,该车需要新增更换正时皮带的项目。汽车维修接待员给赵女士打电话,赵女士口头许诺更换,可到实际结算时赵女士却因感觉费用偏高而否认许诺,汽车维修接待员应该怎么办?

任务四　质检、内部交车

任务描述

客户张先生，车型×××，行驶里程为62030km，右前雾灯不亮，到店进行检查后，更换了右前雾灯，车辆维修完毕。作为汽车维修接待员，在质检、内部交车环节，你应该如何操作？

学习目标

通过本任务的学习，应能：
1. 规范完成质检、内部交车的流程；
2. 明确维修车间主任、维修技师、维修质检员的工作职责；
3. 明确汽车维修接待员在车辆质检、内部交车流程中的工作职责；
4. 合理解决车辆在质检过程中发现与维修委托书项目不符的问题。

建议课时

24课时。

学习引导

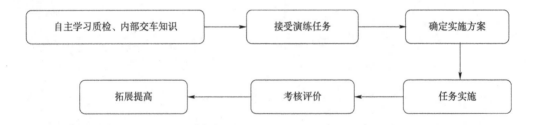

知识准备

一、质检、内部交车的工作流程

质检、内部交车的工作流程如图4-1所示。

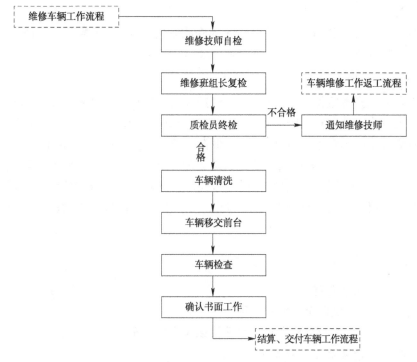

图 4-1 质检、内部交车的工作流程图

二、质检概述

(一)质检的重要性

汽车维修质量是汽车维修企业的生命,关系到每个维修技师的个人发展,也关系到服务站和企业的品牌形象,是一切工作的基础。汽车维修接待员在交车前进行检查工作是为了把一辆维修合格的车交给客户,从而使客户满意。万分之一的失误,都会造成客户100%的损失,因此质检、内部交车是维修服务流程的一个重要环节。

(二)质检的规范

在车辆维修过程中,维修技师应严格遵循不接受、不制造、不传递质量缺陷的原则,重视车辆维修质量,采用上下道工序互检的方式并严格执行三级质检检验制度。

1. 维修技师的个人自检

维修技师根据定期维护表及维修工单的作业内容逐项检查是否达到技术标准,自检完毕,维修技师在维修工单技师栏签字确认。

2. 维修班组的互检

维修技师及组长对本班组的过程检验及维修质量负责。在本班组成员自检完成后,班组长应按规定对所完成的维修项目进行互检,并核对是否所有维修项目和操作内容均已完工。当发现问题时,必须采取相应措施进行纠正。检验的结果应反馈给维修技师,以提高维修技师的技术水平,避免同一问题的重复发生。完成质检后,维修技师及班组长应当在维修工单上签字确认。

3. 质检员的终检

质检员在二级检验合格后,再对车辆的维修质量进行终检,必要时进行路试,同时对完工车辆的清洁状况进行检查,做好最终检验记录,并签字。

(三) 质检不合格的处理

质检不合格是指各级检验中发现的不合格项目。对于一、二级检验发生的不合格项目,由各班组长负责自行采取相应的纠正措施。但对于由于技术水平、配件、维修检测设备等造成的班组不能解决的不合格项目,应当及时报告车间主管,由主管统一调配安排。三级检验(最终检验)中发现的不合格项目,质检人员应当做好质检记录,并把不合格车辆返回原承修班组重新维修,告知维修技师及班组长最终检验时发现的问题,并要求维修技师及班组长签字确认。对于最终检验的不合格车辆,经班组返修并检验后再次由质检员重新质检,合格后方可交车。

三、内部交车概述

1. 质检员将车辆移交前台

(1) 将清洁后的车辆停至车辆竣工区。

(2) 将全部工作表单及车钥匙移交给接待该车辆的汽车维修接待员。

2. 汽车维修接待员进行车辆检查

(1) 检查确认车辆内、外清洁度。

(2) 其他检查:除车辆外观检查外,还应确保无灰尘、油污,不遗留抹布、工具、小零件等,检查烟灰缸是否清洁等。

(3) 对于自费项目,确认客户希望看到的旧零件装入塑料袋中,并放置在车辆行李舱内。

(4) 其他方面调整的检查(如座椅位置、时间、电台频道等)。

3. 汽车维修接待员进行确认书面工作

(1) 检查派工单,以确保客户提出的所有维修/维护项目以及经客户同意增补的维修项目都已得到了维修和解决(查看维修完成时间、维修技师签名)。

(2) 检查维修维护质检表,确保车辆所有维修项目经质检合格并签字。

(3) 核对维修费用,包括配件费、工时费。

四、质检员进行质检、内部交车注意事项

(1) 对客户、对内部同事都需要注意主动沟通,下一环节应主动询问上一环节,特别是质检环节,做好相互之间的正常沟通。

(2) 维修技师、质检员及各相关人员均应在操作过程中按照维修过程确认,记录相关检验结果。

(3) 质检员根据质量工艺标准对车辆维修项目进行检验,检验时要求检查维修工艺流程,对维修项目的所有注意事项进行详细的检查,必要时进行测试检查,并对车辆检验结果进行记录。

(4) 需要路试的车辆,质检员应进行车辆路试检查。车辆路试时,质检人员要遵守道路

交通规则,确保安全。

(5) 质检过程发现的任何问题都要记录在委托书上。

(6) 向维修接待员说明车辆维修情况和质量状况。

(7) 任何需要维修但未执行的工作都应记录在派工单上。

(8) 告知维修接待员有些零件的使用寿命。

活动开展

活动一 车辆完成维修,进行质检(建议学习课时:8课时)

1. 填写车辆质检的内容

___

___

___

2. 填写表4-1

在表4-1中在不正常项目的框中打"＊",并对具体内容画圈标示或用文字注明;如有调整或恢复,则在已经调整的框中打"√"。如未调整则不打"√"。确认全部项目已经完成,故障已经消除。对于接车检查单上客户要求解决的问题,仔细确认问题已经消除。

质检内容　　　　　　　　　　　　　　表4-1

序号	项目	内容	完工
1	轮胎	检查轮胎磨损情况和轮胎气压	
2	车轮固定螺栓	检查并按规定力矩紧固	
3	制动摩擦片厚度	检查制动片厚度	
4	发动机舱内各管路与接头	确认各管路和接头无干涉、磨损、泄漏、脱落	
5	冷冻液液位	检查冷冻液液位	
6	机油液位	检查机油液位	
7	蓄电池电压	检查电压	
8	刮水器和车窗清洗装置	检查刮水器和车窗清洗功能	
9	安全气囊和安全带	目测外表是否受损,并检查安全带功能	
10	车内外照明电器、仪表显示、用电设备	检测使用情况	
11	驻车制动器	检查功能是否正常	
12	清洗车辆	清洗车辆外部,对内部进行吸尘	

活动二 汽车维修接待员进行内部交车的车辆检查(建议学习课时:8课时)

1. 填写车辆移交前台工作要素

___

___

___

2. 发动机舱检查

(1) 发动机舱检查项目知识准备。

自主学习并填写表4-2。

发动机舱油液检查项目　　　　　　　　　　　表4-2

检查项目	车型：	里程：
发动机舱油液质检	例如：1. 发动机机油是否更换或油量检查	
	2.	
	3.	
	4.	
发动机舱线束管路清洁质检		

(2) 按以下关键点进行发动机舱检查的阶段演练,并填写对应话术,见表4-3。

发动机舱关键点检查项目　　　　　　　　　　表4-3

工 作 内 容	关 键 点	汽车维修接待员口述
步骤一：检查机油是否加入	1. 机油是否加入检查； 2. 机油液位检查	汽车维修接待员： 汽车维修接待员：
步骤二：检查冷却液	冷却液液面应在上限和下限标记之间	汽车维修接待员：

续上表

工作内容	关键点	汽车维修接待员口述
步骤三:检查动力转向液	分为以下两种情况: 1. 在 MAX 标记与 MIN 标记之间; 2. 无标尺的,观察液面位置	汽车维修接待员:
步骤四:检查风窗玻璃清洗液	添加足量的风窗玻璃清洗液以保证功能正常	汽车维修接待员:
步骤五:检查制动液	制动液液面应在 MAX 和 MIN 标记之间	汽车维修接待员:

3. 驾驶室检查

(1)驾驶室检查知识准备。

自主学习并填写表4-4。

驾驶室检查项目　　　　　　　　　　　　　　　　　　　　表4-4

检查项目	车型：	里程：
驾驶室检查	例如：1.仪表检查	

（2）按以下关键点进行驾驶室检查的阶段演练，并填写对应话术，见表4-5。

驾驶室检查的阶段演练表　　　　　　　　　　　　　　　　表4-5

工作内容	关键点	汽车维修接待员口述
步骤一：仪表盘检查	1.系统是否正常上电； 2.各仪表工作是否正常	汽车维修接待员：
步骤二：空调功能键检查	1.空调开关、出风口正常； 2.外观无破损	汽车维修接待员：
步骤三：驾驶室清洁检查	驾驶室清洁检查	汽车维修接待员：

4.外观、行李舱检查

(1)外观、行李舱检查知识准备。

自主学习并填写表4-6。

外观、行李舱检查项目　　　　　　　　　　　　　　　　　　　表4-6

质检项目	车型：	里程：
外观检查	例如：1.对照接车检查单，绕车一圈检查有无新划痕，查看随车物品是否与接车时一致	
	2.	
	3.	
	4.	

(2)外观、行李舱检查

按以下关键点进行外观、行李舱检查的阶段演练，并填写对应话术，见表4-7。

外观、行李舱检查表　　　　　　　　　　　　　　　　　　　表4-7

工作内容	关　键　点	汽车维修接待员口述
步骤一：外观检查	外观有无新划痕	汽车维修接待员：
步骤二：行李舱检查	1.行李舱各工具齐全； 2.备胎完好	汽车维修接待员：

5.活动总结

活动三　质检、内部交车所需要的场地、工具和设备、单据

填写表4-8。

质检、内部交车所需场地、工具和设备、单据　　　　表4-8

场地	
工具和设备	
单据	

任务实施（建议学习课时：8课时）

学习任务：客户李先生，车型×××，行驶里程为60356km，到店进行检查发现右后雾灯不亮，并更换了右后雾灯，现车辆维修完毕，质检合格。作为汽车维修接待员，在质检、内部交车环节，你应该如何操作？

一、计划与实施

第一步：根据实施方案（表4-9），分配角色及任务。

实 施 方 案　　　　表4-9

步骤	内　　容	要 点 记 录
1	分析学习任务	
2	选举组长，分配角色	
3	熟悉各角色的工作职责	
4	分角色写话术	
5	情景演练	

第二步：分析完任务之后，编写质检、内部交车话术。

_____

_____

第三步：填写表4-10（根据实车情况进行填写）。

质 检 单 据 表　　　　表4-10

车型：	里程：		
维修内容	外观：		
	内饰：		
	维修项目：		
	其他：		
备注	质检员签字：	维修接待人员签字：	客户签字：

第四步:完成学习任务中的情景,由观察员记录,填写表4-11。

过程记录表　　　　　　　　　　　　　　　表4-11

情景演练过程	
优点	需要改进

二、任务评价

质检、内部交车评价表,见表4-12。

质检、内部交车评价表　　　　　　　　　表4-12

评价内容	分值	自评	互评
1. 在质检环节了解车辆存在的问题	20		
2. 检查各单据签字是否完整	10		
3. 核对维修项目内容是否完成	20		
4. 现场检查车辆外观及内饰情况	10		
5. 车辆清洁检查	10		
6. 旧件确认	10		
7. 向用户解释维修质检的过程	10		
8. 综合表现	10		
合计	100		

教师评价:

　　　　　　　　　　　　得分:　　　　　教师签名:

拓展提高

情景一:客户张女士,车型×××,行驶里程为60500km,张女士反映右前门玻璃能升起但不能降落,到店进行维修。检查发现右前玻璃升降机总成损坏,更换右前玻璃升降机总成后车辆正常。车辆维修完毕,在最终检验时仍发现右前玻璃能升起但不能降落,最后检查发现为右前玻璃升降机总成安装卡滞。在质检、内部交车环节,汽车维修接待员应该如何操作?

情景二:客户马先生,车型×××,行驶里程为60900km,马先生反映时常会出现发动机难启动的现象,到店进行维修。检查发现蓄电池亏电,更换蓄电池后车辆正常。内部交车时汽车维修接待员发现车窗玻璃比较脏应该如何处理？

情景三：客户吴女士，车型×××，行驶里程为60300km，吴女士反映刮水器不能正常工作，到店进行维修。进行检查后，发现刮水器电动机烧蚀，更换了刮水器电动机总成后车辆正常。车辆维修完毕，质检员将车辆交给汽车维修接待员时缺少派工单，汽车维修接待员应该如何处理？

情景四：客户刘先生，车型×××，行驶里程为70300km，刘先生反映ABS灯常亮，到店进行维修。经检查，发现轮速传感器线束老化，更换了轮速传感器总成后车辆正常。车辆维修完毕，内部交车时，汽车维修接待员发现质检单据无签字，应该如何处理？

任务五　结算、交付车辆

任务描述

客户邹先生,车型×××,行驶里程为50011km,到店进行常规维护加全车检查,并更换了前轮制动摩擦片,现在车辆维护完毕,质检合格。作为汽车维修接待员,在结算、交付车辆环节,你应该如何操作?

学习目标

通过本任务的学习,应能:
1. 正确打印结算单,规范填写相关单据,并准备旧件;
2. 礼貌、规范地和客户交流,引领客户到竣工区,展示车辆维修成果;
3. 向客户详细说明维修的项目及费用;
4. 运用所学知识正确规范地完成结算、交付车辆流程;
5. 培养认真、细致的工作态度。

建议课时

42课时。

学习引导

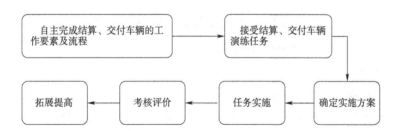

知识准备

一、结算、交付车辆的工作流程

结算、交付车辆的工作流程如图5-1所示。

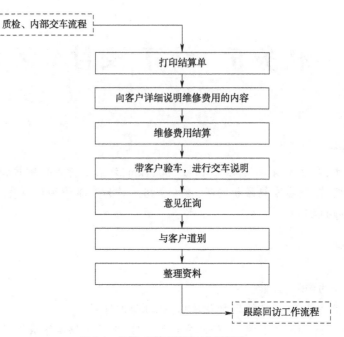

图 5-1　结算、交付车辆的工作流程图

二、结算、交付车辆概述

(一) 结算、交付车辆的目的

(1) 做好所有票据的准备工作。

(2) 解释维修项目并回答客户提问,帮助客户理解发票提供的信息。消除客户针对维修的疑问,建立客户牢固的信赖感。

(3) 将车辆交给客户。

(4) 确保客户对整个维修过程完全满意,让客户高兴、顺利地离开。

(二) 结算、交付车辆环节的工作要素

1. 打印结算单

(1) 利用系统完成并打印结算单。

(2) 在《维护手册》中记录已维护的项目(如果有),并加盖服务站印章。

(3) 在与客户商定的交付车辆时间前,面带微笑、礼貌地通知客户准备提车。

2. 向客户详细说明维修和费用的内容

(1) 耐心地说明每个维修项目的工作过程及结果。

①故障原因分析及故障处理方法。

②更换的零件。

③如有必要,与客户一同进行路试。

(2)详细说明维修费用。
①总费用。
②总配件费、总工时费。
③每项工作分别包含的配件费、工时费。
④优惠或免费费用(套餐项目、质量担保项目等)。
(3)依据维护表单,对《维护手册》上的记录进行说明(如果有),简要介绍保修条款和定期维护的重要性。
(4)向客户介绍增值服务项目(如果有),说明已经完成且是免费的(如优惠活动等)。
(5)利用维修质检单,向客户建议近期要做的维修。
(6)提醒客户下次维护的里程或时间。

3. 维修费用结算
(1)请客户在结算单上签字确认。
(2)向客户说明付费方式(现金、刷卡),并获得客户认可。
(3)引领客户到收银台结算费用。
(4)开具发票(仅指自费项目,首次维护、质量担保等项目除外)。
(5)客户付款后,将所有单据(派工单、保养表单、维修质检单、结算单、发票)放入发票袋中,同《维护手册》一并交给客户。

4. 带客户验车,交车说明
(1)陪同客户前往车辆竣工区验车。
(2)向客户展示更换下来的旧件(保修件除外),并询问处理方法。
(3)向客户说明已做的调整(如时钟、电台频道、灯光调整等)。
(4)向客户说明车上某些配置可能被调整过,请客户自行恢复(如座椅、反光镜、空调控制等)。
(5)将车钥匙交还客户。

5. 意见征询
(1)征询客户对本次服务的整体感觉以及意见和建议,并记录,同时表示感谢。
(2)向客户说明如有任何问题可与服务站或汽车维修接待员本人进行联系,并递送名片(如条件成熟,在征得客户的同意下,于车辆驾驶室内方便处粘贴服务站服务热线)。

6. 与客户道别
(1)当着客户的面,取下车辆防护用品。
(2)将客户送到服务站门口,致谢,目送客户离开。

7. 整理资料
维护本次维修档案,并将全部单据存档。

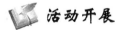 活动开展

活动一 结算过程(建议学习课时:10课时)

1. 结算环节演练
按照关键点进行结算环节演练,并填写对应话术,见表5-1。

结算环节阶段演练内容　　　　　　　　　　　表 5-1

工作内容	关键点	汽车维修接待员话术
步骤一：打印结算单	1. 利用系统完成并打印结算单； 2. 在《维护手册》中记录已进行了的维护，并加盖服务站印章； 3. 在与客户商定的交付车辆时间前通知客户提车	汽车维修接待员：
步骤二：说明维修项目及费用	1. 耐心说明每个维修项目的工作过程及结果； 2. 详细说明维修费用； 3. 依据维护表单，对《保修手册》上的记录进行说明，介绍保修条款和定期维护的重要性； 4. 利用质检单，向客户建议近期要做的维修； 5. 提醒客户下次维护的里程或时间	汽车维修接待员：
步骤三：维修费用结算	1. 请客户在结算单上签字； 2. 向客户说明付费方式，并获得客户认可； 3. 引领客户到收银台结算费用； 4. 开具发票； 5. 客户付款后，将所有单据放入发票袋中，同《维护手册》一并交给客户	汽车维修接待员：

2. 活动总结

_____
_____
_____

活动二　车辆交付过程（建议学习课时：12 课时）

1. 交车说明阶段知识准备

自主学习，并填写交车说明项目，见表 5-2。

交 车 说 明 项 目　　　　　　　　　　　　　　　　　　　　表 5-2

交车说明项目	车型：	里程：
使用说明及注意事项	例如：更换制动摩擦片后不要猛烈地踩制动踏板	
维修维护建议	例如：提醒客户下次维护的里程或时间	
调整项目说明	例如：座椅等	
其他		

2. 车辆交付环节演练

按照关键点进行车辆交付环节演练，并填写对应话术，见表 5-3。

车辆交付环节阶段演练内容　　　　　　　　　　　　　　　　表 5-3

工 作 内 容	关　键　点	汽车维修接待员话术
步骤一：陪同客户验车	陪同客户前往车辆竣工区验车	汽车维修接待员：

续上表

工作内容	关　键　点	汽车维修接待员话术
步骤二：旧件展示	1. 客户要求带走：打包后放在行李舱展示； 2. 客户要求不带走：在旧件展示区展示	1. 客户要求带走旧件 汽车维修接待员： 2. 客户要求不带走旧件 汽车维修接待员：
步骤三：进行调整项目说明	1. 说明已经做过的调整项目； 2. 请客户谅解并建议客户按个人驾驶习惯复位	汽车维修接待员：
步骤四：粘贴维护提示贴	提醒客户下次维护的里程或时间	汽车维修接待员：
步骤五：将车钥匙交给客户	注意车钥匙交接礼仪规范	汽车维修接待员：

续上表

工作内容	关键点	汽车维修接待员话术
步骤六:意见征询	1.征询客户对本次服务的意见和建议,并记录,同时表示感谢; 2.向客户说明如有问题可与服务站或汽车维修接待员本人进行联系,并递送名片	汽车维修接待员:
步骤七:与客户道别	1.当着客户的面,取下车辆防护用品; 2.将客户送到服务站门口,致谢,目送客户离开	汽车维修接待员:
步骤八:整理资料	维护本次维修档案,并将全部单据存档	

3.活动总结

_____

_____

活动三 结算、交付车辆环节所需要的场地、工具和设备、单据

阶段演练结束后,填写结算、交付车辆环节所需要的场地、工具和设备、单据,见表5-4。

结算、交付车辆所需场地、工具和设备、单据　　　　表5-4

场地	
工具和设备	
单据	

任务实施(建议学习课时:18课时)

学习任务:客户何女士,车型×××,行驶里程为45018km,到店进行发动机积炭清洗及全车检查,现在车辆维修完毕,质检合格。汽车维修接待员在结算、交付车辆环节应该如何操作?

一、计划与实施

第一步:根据实施方案(表5-5),分配角色及任务。

实 施 方 案　　　　　　　　　　　　　表5-5

步骤	内容	要点记录
1	分析学习任务	
2	选举组长,分配角色	
3	熟悉各角色的工作职责	
4	分角色写话术	
5	情景演练	

第二步:分析任务之后,编写结算、交付车辆的话术。

_____

_____

第三步:请填写结算单(表5-6)。

结 算 单　　　　　　　　　　　　　表5-6

客户:		工号:		车型:		车牌号:	
班组	维修类别	工时费	材料费	管理费	税费	总额	
序号	材料名称	单位	数量	单价	金额	备注	
1							
2							
3							
4							
5							
6							
7							
8							
9							
10							
总额		万　仟　佰　拾　元				¥	

第四步:完成学习任务中的情景,由观察员记录于表5-7。

过 程 记 录　　　　　　　　　　　　　　　　　　　　　　表 5-7

情景演练过程	
优点	需要改进

二、任务评价

根据任务实施情况,填写表 5-8。

结算、交付车辆评价表　　　　　　　　　　　表 5-8

评价内容	分值	自评	互评
1. 检查确认车辆内外的清洁度	5		
2. 确认旧件是否按客户的要求进行处理	5		
3. 检查所有单据是否齐全,核对维修费用,包括配件费、工时费	10		
4. 利用系统完成并打印结算单	2		
5. 涉及维护项目在《维护手册》进行维护记录,并加盖服务站印章	6		
6. 面带微笑,礼貌地通知客户提车	2		
7. 耐心地说明每个维修项目的工作过程和结果	10		
8. 详细说明维修费用,特别是优惠或免费费用	10		
9. 利用质检单,向客户建议近期要做的维修,并提醒客户下次维护的里程和时间	6		
10. 请客户在结算单上签字确认	3		
11. 向客户说明付费方式,并陪同客户结算	4		
12. 结算后将所有单据整理好与《维护手册》一同交给客户	3		
13. 向客户说明更换下来的旧件已按要求处理	3		
14. 向客户说明在维修过程中已做过的调整,并烦请客户按照个人驾驶习惯调整	4		
15. 征询客户对本次服务的满意程度,以及意见和建议	3		
16. 向客户强调如有任何问题可与汽车维修接待员本人进行联系,并递送名片	4		
17. 当着客户的面取下车辆防护用品	7		
18. 将客户送至服务站门口,致谢,目送客户离开	3		
19. 综合表现	10		
合计	100		

续上表

教师评价：
得分：　　　　　　　　　　教师签名：

 拓展提高

情景一：客户雷女士，车型×××，行驶里程为6006km，燃油还剩1/2，到店进行首次维护，作为汽车维修接待员，在结算、交付车辆环节，你应该如何操作？

情景二：客户左先生，车型×××，燃油还剩3/4，到店进行30118km维护。在车辆交付环节，左先生认为车辆没有洗干净，同时对费用也有疑义，你作为汽车维修接待员应该如何处理？

情景三：客户丁先生，车型×××，行驶里程为10324km，燃油还剩1/4，到店更换右前大灯总成。在结算阶段，由于网点支付手段有限导致丁先生等待时间过长，你作为汽车维修接待员应该如何处理？

任务六　跟踪回访

任务描述

客户张先生,车型×××,行驶里程为4987km,第一次到店做了首次维护加全车检查。张先生因为入场时等待的时间过长,因此在离开时不是很满意。三天内请你对客户张先生进行回访。

学习目标

通过本任务的学习,应能:
1. 正确描述客户维护维修的回访流程;
2. 根据实际的案例,编写客户维修回访话术,完成情景演练;
3. 根据客户维修回访的流程正确对客户进行回访;
4. 正确处理客户异议,专业解决客户问题;
5. 养成自主学习的习惯,培养团队合作和搜集资料的能力。

建议课时

36课时。

学习引导

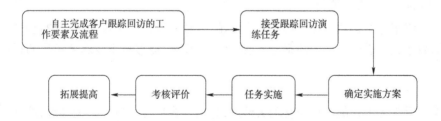

 知识准备

一、跟踪回访的工作流程

跟踪回访的工作流程如图6-1所示。

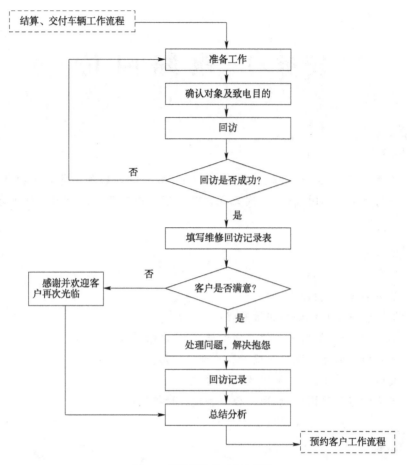

图 6-1　跟踪回访的工作流程图

二、跟踪回访概述

(一) 跟踪回访的重要性

汽车维修服务站认真研究与落实客户回访,并且将客户回访作为有效的企业管理工具,对企业的服务成效进行全方位的跟踪,倾听客户的反馈,能够对企业综合素质的提高起到重要作用。

1. 策划标准回访话术,提高客户参与热情

参考售后服务工作的特点与管理关键点,并结合客户现场感受的关键点,策划相应的回访话术,倾听客户对企业服务的相关评价,是客户回访工作最重要的组成部分。

2. 通过标准话术来调研客户对服务细节的需求与感受

当企业改善项目与客户需求相一致时,客户满意度才能得到显著的提升。客户回访的重点,是客户对服务细节方面的需求与感受,而不是采用简单的问询来完成企业的重托。

3. 回访话术应适时推广企业的后续服务,并争取服务增值

回访人员应通过客户的试车报告与完工检查报告中的相关提示,来进一步挖掘客户的

服务需求。尤其是转向与制动有关的潜在维修项目,应告知利害关系,提醒客户尽早解决故障隐患。

4. 回访话术要突出企业近期将推出的各项优惠活动

充分利用回访的契机,结合客户的车龄车况,主动向客户介绍企业在近期即将推出的各项优惠活动,并可以当场接受客户的预约需求。

(二)各种跟踪回访方法

客户回访是企业用来进行产品或服务满意度调查、客户消费行为调查,维系客户的常用方法(表6-1)。由于进行客户回访时往往与客户进行较多的互动沟通,利于企业完善客户数据库,为进一步的交叉销售、向上销售做铺垫,因此认真策划显得尤为重要。

跟踪回访的方法　　　　　表6-1

客户回访的方法	客户回访的项目	执 行 技 巧
电话回访	服务感受评价	交车后三天内致电客户进行电话回访,了解客户对此次服务的评价
信件/电子邮件	首次维护预约、客户课堂活动	为客户预约首次维护,进行后续关怀,培养忠实客户,包括生日关怀、节日关怀、居家关怀、出险慰问、产品资讯提供等
上门服务	吸引客户来店,进行后续关怀	通过不断的跟踪工作,为客户创造优质的用车环境,构筑客户对网点的信赖,吸引客户再次来店,鼓励客户推介

1. 前期回访的方式

汽车维修接待员进行电话回访时要及时、有效。只有不断地加强与客户的友好关系,提炼回访话术,才能真正提高客户满意度。

完成交车后对客户的回访包括:

(1)建立客户档案:姓名、电话、购买车型及投诉,制订跟踪计划。

(2)客户交车到家问候:在交车后24h内致电问候,询问在回家行驶过程中车辆的使用情况,解答客户在使用过程中的疑问。

(3)维护提醒:提醒客户车辆下一次维护的里程或时间。

2. 后期回访的方式

后期回访的目的是提高客户满意度,进一步提升其对品牌的忠诚和认可,为推介的开展创造更多机会。

后期回访有如下几种方式:

(1)天气变化提醒:通过短信的方式温馨提醒客户天气变化情况(主要是恶劣天气,如过于炎热、雨天、雾天、冻雨等),请客户注意行驶安全。

(2)节假日问候:在节假日的时候,送上温暖的祝福,甚至可以在每周末发送一条健康指导或者汽车维护方法或者能够让人心情愉悦的短信,与客户建立朋友关系。

(3)客户生日祝福:在客户生日当天,打电话送上真诚的生日祝福,并以服务站的名义送些汽车精品作为客户的生日礼物等。

(4)店面活动的邀约:服务站举行活动的时候,邀请客户参加并请其引荐身边想购车的亲朋好友,推动推介工作的开展。

(5)提醒客户车辆的维护:不定期提醒客户平时注意车辆的维护。

(6)车辆维修后的三天回访:在客户离场后三天内进行回访,主要是调查客户对本次维修与维护过程的评价。

(三)跟踪回访的回访技巧

1. 做好充分的准备工作

(1)资料准备。

跟踪回访目的设定需要很多历史资料的支持,首先要回忆接待时的情景,如果对客户没有印象,一定要通过查询历史记录尽可能回忆客户的某些特征,在回访过程中叙述客户的特征,让客户尽快恢复对自己的记忆,因此记录客户的信息时一定要详尽,并能够突出特征。另外,对于维修后的客户的回访,一定要清楚了解客户上次的维修记录,特别注意客户未同意处理的事宜。

(2)工具准备。

确定本次回访的目的后,下一步就要设计话术。根据了解的客户心理变化以及设计好的目的,设计相应话术,还应包括客户产生抗拒的应对话术。

准备记录工具:如果没有准备好记录工具,当对方需要留言时,就不得不要求对方稍等一下,让客户等待,这是很不礼貌的。所以,接听或者拨打电话前,准备好记录工具,例如笔和纸、手机、计算机等。

(3)心理准备。

跟踪回访无论是电话沟通,还是登门拜访都可能遇到客户的拒绝,在遇到抗拒的时候忌无言以对。应当正确分析客户抗拒的缘由,组织委婉的话术应对。遇到不了解的问题,如实回答,寻求解决办法。很多时候客户的拒绝都会对回访人员的心理造成伤害导致其失去信心,因此回访前要做好充分的心理准备。拒绝是回访的必然经历,积极的态度是避免拒绝发生的唯一解决办法,也就是说,遇到一个失败的回访,要找到自身原因,努力改进,最终目标才会实现。

2. 礼仪规范服务

如果手持电话的姿势不正确,让电话不小心从手中滑下来,或掉到地上,发出刺耳的声音,都会令客户感到不满意。应带着微笑接听或者拨打电话,让客户能够在电话中感受到热情,主动问候,并自我介绍。如果想知道客户是谁,不要唐突地问"你是谁?",可以说"请问您是哪位?"或者"对不起,可以知道应该如何称呼您吗?"。

把握好通话时机和通话长度,既能使通话更富有成效,显示通话人的干练,同时也显示了对通话对象的尊重。反之,如果莽撞地在对方不便的时间通话,就会造成尴尬的局面,非常不利于双方关系的发展。如果把握不好通话时间,谈话过于冗长,也会引起对方的负面情绪。

3. 标准话术服务

正确的电话回访应先表明身份,其次询问客户此时接听电话是否方便,在时机合适的情况下,对客户表示寒暄后,可进入主题询问车辆使用情况,并询问对前次维修的满意情况,如汽车维修接待员方面、维修质量方面、维修价格方面等。

标准话术是服务人员在为服务对象提供服务过程中所使用的规范话术,标准话术服务体现了一个公司的服务品质,可以提高服务质量,减少客户投诉。

4. 回访时间把握

跟踪回访时间的选择,对回访结果有很大的促进作用,但时间的选择要凭借汽车维修接待员的经验,根据客户的职业、性格、爱好等因素来进行。对不同职业的客户应在不同的时间给予回访,如自由职业者对其在15:00~18:00之间回访较为适宜;对于公务群体,因其工作时间较固定,可在9:00~11:00或者15:00~17:00这两个时段回访。

5. 因人而异

在回访过程中,常常会碰到性格有些急躁的客户,面对这种客户,态度要温和。客户的抱怨,很可能是他原来就有不满的情绪,正好借题发挥,他来发泄的目的主要是找机会倾吐一番。不妨听他把话讲完,同样征求他对问题应如何解决所持有的意见,满足他的讲话欲望,使其自尊心不受到伤害,这样不需要采取更多的措施,也能把问题解决。

6. 能够合理使用多种提问技巧

在跟踪回访中,有效地使用提问技巧也是必备技能。通过提问可以尽快找到客户想要的答案,了解客户的真正需求和想法。通过提问可理清自己的思路,也可以让生气的客户逐渐变得理智起来。例如:设置一些针对性问题、服务性问题、开放性问题、封闭性问题等。

(1) 针对性问题。

什么是针对性问题?例如,客户投诉车辆的空调使用起来效果不是很好。这个时候,可以询问客户,"请问您使用空调的时候,在车内的感觉是怎样的?"这个问题就是针对性问题。针对性问题的作用是获得细节。当不知道客户的答案是什么的时候可提出针对性问题,就其进行了解。

(2) 服务性问题。

服务性问题一般来说,在客户服务过程结束时使用,例如离开一个档次较高的五星级酒店时,经常会听到"还有什么需要我为您做的吗?"这句话。服务性问题的提出是体现汽车维修接待员是否专业的一个标准。

(3) 开放性问题。

开放性问题是用来引导客户讲述事实的提问方式。例如,"您能说说当时的具体情况吗?""您能回忆一下当时的具体情况吗?"一句话问出来,客户就滔滔不绝了,这就是开放性问题。

(4) 封闭性问题。

封闭性提问是答案有唯一性、范围较小、有限制的问题,对回答的内容有一定限制。提问时,给客户一个框架,让其在可选的几个答案中进行选择。这样的提问能够让客户按照指定的思路去回答问题,而不至于跑题。

封闭性提问,如"您反映的是空调的制冷效果不好,是吗?""您对我们汽车维修接待员不是很满意,对不对?"这类问题通常用"对不对""是不是"等形式提出,旨在缩小讨论范围,获得特定信息,澄清事实,或使交谈集中于某个特定问题。其特点是客户可能的回答都包括在问题之中,易于回答,节省时间,但难以得到除问题以外更多的信息,且具有较强的暗示性,不利于真实情况的获得。

选择性问题是封闭性问题的一种,即客户只能回答"是"或者"不是"。这种提问用来澄清事实和发现问题。例如,"您开空调的时候,A/C开关打开了吗?"在快速得到答复的同时,貌似给了客户两个选择,显得不像在逼问。

(四)满意度的产生

客户满意度(Customers Satisfaction Degree),是客户期望值与客户体验的匹配程度。换言之,就是客户通过对一种产品可感知的效果与其期望值相比较后,客户形成的愉悦或失望的感觉状态。进行客户满意度研究,旨在通过连续性的定量研究,获得客户对特定服务的满意度、消费缺陷、再次购买率与推荐率等指标的评价,找出内、外部客户的核心问题,发现最快捷、有效的途径,实现最大化价值。

客户满意度是一个变动的目标,能够使一个客户满意,未必会使另外一个客户满意;能够使客户在一种情况下满意,未必能使其在另一种情况下也满意;只有对不同的客户群体的满意度因素非常了解,才有可能实现100%的客户满意。

客户期望小于实际体验,客户是忠诚的、感动的。

客户期望等于实际体验,客户是满意的。

客户期望大于实际体验,客户是不满意的。

(五)跟踪回访过程问题的处理

跟踪回访过程中难免遇到各种情况,遇到回访不顺利的时候,需要根据具体情况作出处理(表6-2)。

跟踪回访情况处理表 表6-2

序号	跟踪回访遇到的情况	各种情况处理方法
1	如果客户正忙,没有时间交谈	(1)询问客户方便的时间,安排一次确定日期和时间的电话回访; (2)记下约定的时间,提醒到时打电话给客户; (3)在约定的时间进行再次的跟踪回访; (4)询问客户对销售服务站的感受,然后进行本次的跟踪回访; (5)禁忌:如果客户表示不愿意联系,不要催促或者纠缠
2	如果客户表示愿意进行这次交谈	(1)感谢客户花时间愿意和自己交谈; (2)进行适当的寒暄,关心客户车辆使用情况; (3)询问客户对销售服务站的感受,然后进行本次的跟踪回访
3	如果客户对销售服务站和车辆的感受均满意	(1)感谢客户的支持; (2)询问客户是否还有什么其他问题,做出相应的回答; (3)提出今后随时为其提供任何帮助; (4)利用客户对所用车辆有好感,请其推荐有购车意向的潜在客户

续上表

序号	跟踪回访遇到的情况	各种情况处理方法
4	如果客户对销售服务站或车辆的感受不满意	(1)让客户随意地完整地说出自己的不满,对给客户带来的不便表示歉意; (2)复述一遍客户所说的,确认自己的理解与客户意见是否一致; (3)把客户的担忧或投诉作为第一优先事项加以处理,如有需要,寻求同事的帮助; (4)弄清客户担忧或投诉的原因,提供解决办法来消除客户的担忧或投诉; (5)询问客户解决方法是否可以接受; (6)如果不能解决客户的担忧或者投诉,则询问客户是否可以等你去寻求帮助或者是否可以在稍后再给他回电话; (7)感谢客户的参与,提出今后可随时为其提供任何帮助; (8)确认客户所喜欢的联系方式(电话、拜访、电子邮件)

活动开展

活动一 跟踪回访准备工作(建议学习课时:6课时)

1.跟踪回访的资料准备阶段知识准备

根据回访时需要准备的资料完成表6-3的填写。

回访的资料准备　　　　　　　　　　　　　　　　　表6-3

需要准备的资料	关键点	根据学习任务中的情景填写具体的内容
客户资料 	1.姓名; 2.电话; 3.性别; 4.职业	
车辆信息	1.车牌; 2.车型	

75

续上表

需要准备的资料	关 键 点	根据学习任务中的情景填写具体的内容
入场履历	1. 上次入场时间； 2. 上次入场维护、维修项目； 3. 是否有待处理事宜	
上次交车记录	确定合适的回访时机	
其他	记录回访内容	例如：笔等

2. 电话回访礼仪阶段演练

按以下步骤及关键点填写表6-4对应的内容或话术，并进行阶段演练。

电话回访礼仪　　　　　　　　　　　　　　　表6-4

步　　骤	关　键　点	相关内容或话术
步骤一：充分准备	1. 资料准备； 2. 记录工具准备； 3. 姿势调整	
步骤二：选择合适的时机致电客户	1. 不打扰客户； 2. 选择有效的联系方式	

续上表

步　　骤	关　键　点	相关内容或话术
步骤三：寒暄致意	礼貌问候	汽车维修接待员：
步骤四：自我介绍	让对方知道你是谁	汽车维修接待员：
步骤五：确认对象，并简要说明致电目的	1. 确认该车辆车主无误； 2. 简明扼要	汽车维修接待员：
步骤六：询问是否方便接听	1. 若客户方便接听,则继续下面的内容； 2. 若客户不方便,则改日再约	1.方便接听 汽车维修接待员： 2.不方便接听 汽车维修接待员：

续上表

步　骤	关　键　点	相关内容或话术
步骤七:结束通话	礼仪规范	汽车维修接待员:

3. 活动总结

活动二　回访的内容(建议学习课时:6课时)

1. 跟踪回访的回访内容阶段知识准备

根据需要回访的内容完成表6-5的话术填写。

回访内容　　　　　　　　　　　　　　　　　　　　表6-5

需要回访的内容	包含的要点	汽车维修接待员话术
维修质量	1.维修质量; 2.喷漆质量; 3.清洗干净程度	汽车维修接待员:
客户对待	1.对于汽车维修接待员及其他工作人员的评价; 2.对于维修内容的解释	汽车维修接待员:
价格结构	1.工时价格; 2.配件价格	汽车维修接待员:
预约结构	是否提醒提供预约服务	汽车维修接待员:
服务范围	1.是否及时接待; 2.是否主动报价; 3.服务总体评价	汽车维修接待员:

2. 活动总结

_____

_____

活动三　跟踪回访的客户异议的处理（建议学习课时：14课时）

1. 跟踪回访的客户方面异议处理阶段知识准备及阶段演练

根据客户方面异议的各个方面进行具体的举例说明，完成表6-6的内容。

客户方面异议处理　　　　　　　　　　　　　　表6-6

	异议	具体举例说明（可自行选择车型）	处理办法或汽车维修接待员话术	处理关键要点
客户方面	客户自身的抗拒心理	例：在汽车服务站维护就是要让我们掏腰包	汽车维修接待员：	1. 诚恳的态度； 2. 认真耐心地倾听； 3. 适时认同及响应； 4. 耐心解释； 5. 敢于正视客户的异议； 6. 感谢客户提出异议
	对产品不了解	例：如何使用自动泊车功能	汽车维修接待员：	
	对企业有成见	例：一直听朋友说××企业服务不好	汽车维修接待员：	
	其他		汽车维修接待员：	

2. 跟踪回访的汽车维修接待员方面异议处理阶段知识准备及阶段演练

根据汽车维修接待员方面异议的各个方面进行具体的举例说明，完成表6-7的内容。

汽车维修接待员方面异议处理　　　　　　　　　　表 6-7

异议		具体举例说明	处理办法或话术	处理关键要点
汽车维修接待员方面	服务不周到		汽车维修接待员：	1. 诚恳的态度； 2. 认真耐心地倾听； 3. 适时认同及响应； 4. 引导客户认识车辆维修的价值； 5. 敢于正视客户的异议； 6. 感谢客户提出异议
	汽车维修接待员的言谈举止不文明,对客户不理不睬		汽车维修接待员：	
	欺瞒客户		汽车维修接待员：	
	专业术语过多		汽车维修接待员：	
	其他		汽车维修接待员：	

3. 跟踪回访的产品方面异议处理阶段知识准备及阶段演练

根据产品方面异议的各个方面进行具体的举例说明,完成表 6-8 的内容。

产品方面异议处理表 表6-8

异议		具体举例说明	处理办法或话术	处理关键要点
产品方面	配件价格高		汽车维修接待员：	1.诚恳的态度； 2.认真耐心地倾听； 3.适时认同及响应； 4.引导客户认识车辆的价值； 5.敢于正视客户的异议； 6.感谢客户提出异议
	工时费用高		汽车维修接待员：	
	做漆部位有色差		汽车维修接待员：	
	客户反映的问题没有完全处理		汽车维修接待员：	
	回家后发现车辆有新增的外表损伤		汽车维修接待员：	
	空调制冷效果不好		汽车维修接待员：	
	其他		汽车维修接待员：	

4. 活动总结

活动四：跟踪回访环节所需要的场地、工具和设备、单据

填写表 6-9 中的内容。

跟踪回访环节所需要的场地、工具和设备、单据　　　　表 6-9

场地	
工具和设备	
单据	

任务实施（建议学习课时：10 课时）

学习任务：客户李女士，车型×××，行驶里程为 15890km，第三次到店做常规维护。李女士发现，服务站洗车洗得不干净，每次都是她要求重新洗一次才干净。汽车维护接待员在跟踪回访环节应该如何处理？

一、计划与实施

第一步：根据实施方案（表 6-10），分配角色及任务。

实　施　方　案　　　　表 6-10

步　骤	内　　容	要　点　记　录
1	分析学习任务	
2	选举组长，分配角色	
3	熟悉各角色的工作职责	
4	分角色写话术	
5	情景演练	

第二步：分析任务之后，编写跟踪回访话术。

第三步：根据情景演练过程填写跟踪回访记录（表 6-11）。

跟　踪　回　访　记　录　　　　表 6-11

客户姓名		客户电话		车牌	
维修日期		回访日期			
维修项目					

续上表

回访不成功	原因				
回访成功	满意度确认	十分满意	满意	一般	不满意
	维修质量				
	客户对待				
	价格结构				
	预约结构				
	服务范围				
客户其他意见或建议					
回访不满意的处理					
备注					

第四步：完成学习任务中的情景，由观察员记录于表6-12。

演练过程记录表　　　　　　　　　　　　　　　　表6-12

情景演练过程	
优点	需要改进

二、任务评价

各组员根据情景演练的情况进行自评和互评，在表6-13内进行记录。

跟踪回访评价表　　　　　　　　　　　　　　　　表6-13

评价内容	分值	自评	互评
1. 对致电回访时间的把握	5		
2. 礼貌问候	5		
3. 报公司名称、自己姓名	5		
4. 询问并称呼客户的姓名	10		

续上表

评 价 内 容	分 值	自 评	互 评
5.简要说明去电话的目的后询问客户是否方便接听	10		
6.询问维修质量	10		
7.询问客户接待过程的服务感受	10		
8.询问客户对维修价格的满意程度	10		
9.询问是否提供预约服务	10		
10.向客户的耐心接听表示感谢,请客户对此次服务打分评价	10		
11.待客户挂断电话之后再放下话筒	5		
12.综合表现	10		
合计	100		

教师评价:

得分:　　　　　　　　　　　　　　教师签名:

 拓展提高

情景一:客户邓先生反映与汽车维修接待员预约的交车时间是11:00,但是取车的时候已经是12:00了,汽车维修接待员在回访过程中应该如何平息邓先生的抱怨?

情景二:客户李先生回到家清点车上物品后发现丢失了一个收纳箱,汽车维修接待员在回访过程中应该如何处理?

情景三:客户杨女士此次完成的是3万km的二级维护,认为这一次维护相比上次的费用高一些。汽车维修接待员在回访过程中应该如何处理?

情景四:客户朱先生抱怨交车的不是熟悉的汽车维修接待员,先前接待的汽车维修接待员未做好交接工作,导致自己取车延误。汽车维修接待员在回访过程中要如何平息朱先生的抱怨?

情景五:客户李女士三天前到店维护车辆,回家时,发现左侧后保险杠部分凸出,按进去又会弹出来,与右侧的缝道相比凸出很多。经仔细检查发现左后保险杠有轻微碰撞痕迹。汽车维修接待员在回访过程中应该如何平息李女士的抱怨?

附录 汽车维修接待工作表格

本附录给出了汽车服务站售后服务常用的一些表格，共 2 张，供参考学习。

附表 1 某品牌车型的维护周期及项目表

维护项目	价格(元)	7500km/6个月	12500km/12个月	17500km/18个月	22500km/24个月	27500km/30个月	32500km/36个月	37500km/42个月	42500km/48个月	47500km/54个月	52500km/60个月	57500km/66个月	62500km/72个月	67500km/78个月	72500km/84个月
发动机油	260/4L	●	●	●	●	●	●	●	●	●	●	●	●	●	●
机油滤清器	88	●	●	●	●	●	●	●	●	●	●	●	●	●	●
空气滤清器	69			●						●			●		
燃油滤清器	58						●						●		
全部火花塞	47×4						●						●		
变速器油	AT:210/1L×5 MT:66/1L×3										●				
整车制动液	77/1L×2								●						
空调滤清器	58						●								
助力转向液		○	○	○	○	○	○	○	○	○	○	○	○	○	○
前/后制动器		视检查结果而定													
工时费(元)		免费	40	80	40	40	160	40	40	80	200	40	MT:220 AT:420	40	40

注：首次维护：7500km/6个月；二次维护：12500km/12个月；间隔：5000km/6个月；价格和工时费只作参考。

●表示更换；○表示检查。

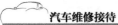

某品牌车型维护质检表　　　　　　　　　　　　　　　附表2

维修站代号：　　　委托单号：　　　发动机号：　　　车 牌 号：
底 盘 号：　　　行驶里程：　　　交车日期：　　　送修日期：

维护类型			维护内容	维护检查情况		
				正常	不正常	已调整
15000km之后的每10000km常规维护	15000km常规维护	7500km首次维护	1. 检查车身内外照明电器、用电设备检查功能： (1)组合仪表指示灯、阅读灯、化妆镜灯、时钟、杂物箱照明灯、点烟器、喇叭、电动摇窗机、电动外后视镜、暖风空调系统、收音机； (2)近光灯、远光灯、前雾灯、转向灯、警示灯； (3)驻车灯、后雾灯、制动灯、倒车灯、车牌灯、行李舱照明灯			
			2. VAS 505X 自诊断：用专用诊断设备读取各系统控制器内的故障存储信息			
			3. 安全气囊和安全带：目测外表是否受损，并检查安全带功能			
			4. 多功能转向盘：检查各按键的功能			
			5. 驻车制动器：检查，必要时调整			
			6. 前风窗玻璃落水槽排水孔：清洁			
			7. 刮水器及清洗装置：检查刮水片，必要时更换，检查清洗装置功能，必要时调整并加注清洗液			
			8. 发动机舱：目测各零件是否有损坏或泄漏的情况			
			9. 发动机油及机油滤清器：更换			
			10. 冷却系统：检查冷却液冰点数值，检查系统是否泄漏，必要时补充原装冷却液			
			11. 空气滤清器：清洁罩壳和滤芯			
			12. MCR 341V 蓄电池：观察蓄电池上电眼，必要时使用万用表检测蓄电池状况，检查正、负极连接状态			
			13. 前照灯：检查灯光，必要时调整(若配备清洗装置，检查功能，必要时调整)			
			14. 转向横拉杆：检查间隙，连接是否牢固			
			15. 车身底部：检查燃油管、制动液管及底部保护层是否损坏，排气管是否泄漏，固定是否牢固			
			16. 底盘螺栓：检查并按规定力矩紧固			
			17. 制动系统：检查制动管路是否泄漏，检查制动液液面，必要时补充			

续上表

维护类型			维护内容	维护检查情况		
				正常	不正常	已调整
15000km之后的每10000km常规维护	15000km常规维护	7500km首次维护	18.轮胎、轮毂(包括备胎):检查轮胎磨损情况,必要时进行轮胎换位,同时校正轮胎气压			
			19.车轮固定螺栓:检查并按规定力矩紧固			
			20.试车:性能检查			
			21.维护周期显示器:复位			
			22.空调系统冷凝排水:检查,必要时清洁			
			23.活动天窗:检查功能,清洁导轨,涂敷专用油脂			
			24.车门限位器、固定销、门锁、发动机舱盖、行李舱盖铰链和锁扣:检查功能并润滑			
			25.变速器、传动轴护套:目测有无渗漏或损坏			
			26.灰尘及花粉过滤器:更换滤芯(行驶里程较少的车辆建议每12个月更换一次)			

主修工签字(日期):　　　　客户签字(日期):　　　　检验员签字(日期):

参 考 文 献

[1] 马婉平.汽车维修服务顾问[M].昆明:云南人民出版社,2014.
[2] 车丽丽.汽车维修业务接待[M].天津:天津科学技术出版社,2014.
[3] 应建明.汽车维修业务接待[M].北京:人民交通出版社,2013.
[4] 刘汉涛.陪你接车每一天:汽车服务顾问1080问[M].北京:电子工业出版社,2016.
[5] 何乔义.汽车服务顾问基础与实务[M].大连:大连理工大学出版社,2015.
[6] 何乔义.汽车服务顾问[M].北京:化学工业出版社,2018.
[7] 金明,彭静.汽车维修接待[M].重庆:重庆大学出版社,2015.

人民交通出版社汽车类高职教材部分书目

书 号	书 名	作 者	定价(元)	出版时间	课件
一、全国交通运输职业教育高职汽车运用与维修技术专业规划教材					
978-7-114-15615-1	汽车专业英语	苏庆列	29.00	2019.08	有
978-7-114-15508-6	机械识图	侯涛	35.00	2019.08	有
978-7-114-15766-0	汽车机械基础	孙旭	30.00	2019.11	有
978-7-114-15700-4	汽车电工电子基础	刘美灵	29.00	2019.11	有
978-7-114-15601-4	发动机原理与汽车理论	姚文俊	32.00	2019.08	有
978-7-114-15562-8	汽车运行材料	蒋晓琴	24.00	2019.08	有
978-7-114-15497-3	汽车发动机构造与检修	王雷	49.00	2019.08	有
978-7-114-15688-5	汽车底盘构造与检修	马才伏	30.00	2019.11	有
CHI040892	汽车电气设备构造与检修	李建明	估30	2019.12	有
CHI040893	汽车性能与检测技术	杨柳青	估20	2019.12	有
978-7-114-15699-1	汽车维修业务接待	邢茜	30.00	2019.09	有
978-7-114-15794-3	汽车车载网络技术	黄鹏	30.00	2019.11	有
978-7-114-15759-2	新能源汽车概论	周志国	20.00	2019.11	有
978-7-114-15677-9	汽车营销技术	莫舒玥	30.00	2019.11	有
978-7-114-15567-3	汽车鉴定与评估	王俊喜	29.00	2019.09	有
978-7-114-15697-7	机动车辆保险与理赔	韩凤	29.00	2019.09	有
978-7-114-15744-8	汽车美容与装饰	彭钊	34.00	2019.11	有
978-7-114-15737-0	汽车配件管理	夏志华	20.00	2019.11	有
978-7-114-15781-3	礼仪与沟通	孔春花	20.00	2019.11	有
二、全国交通运输职业教育教学指导委员会规划教材　新能源汽车运用与维修专业					
978-7-114-14405-9	新能源汽车储能装置与管理系统	钱锦武	23.00	2018.02	有
978-7-114-14402-8	新能源汽车高压安全及防护	官海兵	19.00	2018.02	有
978-7-114-14499-8	新能源汽车电子电力辅助系统	李丕毅	15.00	2018.03	有
978-7-114-14490-5	新能源汽车驱动电机与控制技术	张利、缑庆伟	28.00	2019.05	有
978-7-114-14465-3	新能源汽车维护与检测诊断	夏令伟	28.00	2018.03	有
978-7-114-14442-4	纯电动汽车结构与检修	侯涛	30.00	2018.03	有
978-7-114-14487-5	混合动力汽车结构与检修	朱学军	26.00	2018.03	有
三、高职汽车检测与维修技术专业立体化教材					
978-7-114-14826-2	汽车文化	贾东明、梅丽鸽	39.00	2019.07	有
978-7-114-15531-4	汽车电工电子技术	刘映霞、王强	32.00	2019.07	有
978-7-114-15542-0	汽车机械制图	陈秀华、易波	29.00	2019.07	有
978-7-114-15609-0	汽车机械基础	杜婉芳	29.00	2019.07	有
978-7-114-14765-4	汽车发动机故障诊断与修复	赵宏、刘新宇	45.00	2018.07	有
978-7-114-14792-0	汽车底盘故障诊断与修复	侯红宾、缑庆伟	43.00	2019.09	有
978-7-114-14731-9	汽车电气故障诊断与修复	张光磊、周羽皓	45.00	2018.07	有
978-7-114-13155-5	汽车维护技术	蔺宏良、黄晓鹏	33.00	2018.05	有
978-7-114-14808-8	汽车检测技术	李军、黄志永	29.00	2018.07	有
978-7-114-13154-7	汽车保险与理赔	吴冬梅	32.00	2019.07	有
978-7-114-14744-9	汽车维修服务实务	杨朝、李洪亮	22.00	2018.07	有
978-7-114-14777-7	旧机动车鉴定与评估	吴丹、吴飞	33.00	2018.07	有
四、交通运输职业教育教学指导委员会推荐教材、高等职业教育规划教材					
1. 汽车运用与维修技术专业					
978-7-114-15477-5	■汽车电工与电子基础（第4版）	任成尧	50.00	2019.12	有
978-7-114-15246-7	■汽车机械基础（第4版）	凤勇	46.00	2019.03	有
978-7-114-11495-3	汽车发动机构造与维修（第三版）	汤定国、左适够	39.00	2018.05	有
978-7-114-15867-4	■汽车底盘构造与维修（第4版）	周林福	55.00	2019.12	有
978-7-114-11422-9	■汽车电气设备构造与维修（第三版）	周建平	59.00	2019.05	有

书号	书名	作者	定价（元）	出版时间	课件
978-7-114-11216-4	■汽车典型电控系统构造与维修（第三版）	解福泉	45.00	2016.01	有
978-7-114-11580-6	汽车运用基础（第三版）	杨宏进	28.00	2019.02	有
978-7-114-15614-4	■汽车实用英语（第3版）	马林才	39.00	2019.09	有
978-7-114-13916-1	汽车专业资料检索（第二版）	张琴友	32.00	2017.08	
978-7-114-15724-0	■汽车文化（第4版）	屠卫星	48.00	2019.12	有
978-7-114-11349-9	■汽车维修业务管理（第三版）	鲍贤俊	27.00	2019.04	有
978-7-114-11238-6	■汽车故障诊断技术（第三版）	崔选盟	30.00	2019.02	有
978-7-114-14078-5	汽车维修技术（第二版）	刘振楼	25.00	2017.08	有
978-7-114-14098-3	汽车检测诊断技术（第二版）	官海兵	27.00	2017.09	有
978-7-114-14077-8	汽车运行材料（第二版）	崔选盟	25.00	2017.09	有
978-7-114-13496-8	汽车单片机及局域网技术（第二版）	方文	20.00	2018.05	有
978-7-114-14789-0	汽车概论（第2版）	巩航军	30.00	2018.08	有
978-7-114-15133-0	发动机原理与汽车理论（第4版）	张西振	32.00	2018.12	有
978-7-114-15135-4	汽车维修企业管理（第4版）	沈树盛	39.00	2019.03	有
978-7-114-13831-7	汽车空调构造与维修（第二版）	杨柳青	30.00	2017.08	有
978-7-114-12421-1	汽车柴油机电控技术（第二版）	沈仲贤	26.00	2018.05	有
978-7-114-15701-1	汽车使用与技术管理（第3版）	雷琼红	38.00	2019.08	有
978-7-114-14091-4	汽车使用性能与检测技术（第二版）	巩航军	30.00	2017.09	有
978-7-114-15694-6	汽车保险与理赔（第5版）	梁军	36.00	2019.08	有
978-7-114-14306-9	汽车装潢与美容技术（第二版）	彭保才、王会	33.00	2018.05	有
	2. 汽车营销与服务专业				
978-7-114-15569-7	■旧机动车鉴定与评估（第3版）	屠卫星	36.00	2019.08	有
978-7-114-14102-7	汽车保险与公估（第二版）	荆叶平	36.00	2017.09	有
978-7-114-15758-5	汽车备件管理（第2版）	王思霞、张江红	28.00	2019.09	有
978-7-114-11220-1	■汽车结构与拆装（第二版）	潘伟荣	59.00	2019.06	有
978-7-114-11247-8	■汽车营销（第二版）	叶志斌	35.00	2019.06	有
978-7-114-15156-9	汽车使用与维护（第2版）	王福忠	38.00	2019.02	有
978-7-114-14028-0	汽车保险与理赔（第二版）	陈文均、刘资媛	22.00	2017.09	有
978-7-114-14869-9	汽车维修服务接待（第2版）	王彦峰、杨柳青	28.00	2018.08	有
978-7-114-14015-0	客户沟通技巧与投诉处理（第二版）	韦峰、罗双	24.00	2019.03	有
978-7-114-13667-2	服务礼仪（第二版）	刘建伟	24.00	2017.05	有
978-7-114-14438-7	汽车电子商务（第三版）	张露	29.00	2018.02	有
	3. 汽车车身维修技术专业				
978-7-114-11377-2	■汽车材料（第二版）	周燕	40.00	2016.04	有
978-7-114-12544-7	汽车钣金工艺	郭建明	22.00	2015.11	有
978-7-114-12311-5	汽车涂装技术（第二版）	陈纪民、李扬	33.00	2016.11	有
978-7-114-14211-6	汽车车身测量与校正（第2版）	郭建明	22.00	2019.05	有
978-7-114-11595-0	汽车车身焊接技术（第二版）	李远军、李建明	28.00	2018.03	有
978-7-114-13885-0	汽车车身修复技术（第二版）	韩星、陈勇	29.00	2017.08	有
978-7-114-09603-7	汽车车身构造与修复	李远军、陈建宏	38.00	2016.12	有
978-7-114-12143-2	车身结构及附属设备（第二版）	袁杰	27.00	2019.03	有
978-7-114-13363-3	汽车涂料调色技术	王亚平	25.00	2016.11	有
	4. 汽车制造与装配技术专业				
978-7-114-12154-8	汽车装配与调试技术	刘敬忠	38.00	2018.06	有
978-7-114-12734-2	车身焊接技术	宋金虎	39.00	2016.03	有
978-7-114-12794-6	汽车制造工艺	马志民	28.00	2016.04	有
978-7-114-12913-1	汽车 AutoCAD	于宁、李敬辉	22.00	2016.06	有

■为"十二五"职业教育国家规划教材。咨询电话：010-85285253、85285977；咨询QQ：183503744、99735898。